地球新発見の旅
What am I feeling here ?

美しい日本へ

島の旅

Beautiful Islands

in Japan

JN064932

松尾芭蕉は『奥の細道』の旅に出て松島(P.140)をめざした。
初夏、船で瑞巌寺へと向かった。同行の弟子曾良は、松島にホトトギスの声を聞いて、
この絶景には鶴のほうが似合うと詠んだ。芭蕉は句作どころか夜も眠れなかったと記す。
「島々や千々に砕けて夏の海」と詠んだともいうが、美景に圧倒されたことは間違いない。
夏の海といえば、その頂点は南の島だろう。眩しい光と白砂、エメラルドグリーンの海。
松島のようないわば日本的な美観とは異質だ。この絶景は芭蕉の琴線に触れるだろうか。

南海の青い空は、侘び寂びより、のびやかな解放感と無垢な昂揚の気分につながる。
島尾敏雄の私小説『死の棘』の男と女の清廉な出会いは、南の加計呂麻島(P.70)だった。
特攻隊兵士と島の娘の、死を前に燃え上がる若い恋は美しい海と青い空に呼応する。
が、やがてふたりで堕ちる地獄絵図は、あまりに明るい絶景ゆえにいっそう無残で哀しい。
光と影のドラマは激しければ激しいほど、その島の絶景にさらに濃い輪郭を与えそうだ。
むろんドラマは旅人の目に見えるわけではない。絶景はただ海の光景として広がっている。

旅、とはきっと、どこまでも続く「道」をゆくことだろう。
道は未知で、それこそ最果てで尽きるまで旅は続き、やがて放浪と同義になる。
島と道とは折り合いが悪い。道があっても島のそれはぐるりと繋がってしまう。
放浪の俳人山頭火の句のように「分け入っても分け入っても青い山」とはいかない。
分け入っているうちに、反対側の海に出てしまう。道が道にならず旅になりにくいのだ。
島の旅は留まるしかない。島は四方を海に開いているようで、じつは海に閉ざされている。

それでも風光明媚な島へと旅をしたい。海を眺め、のどかな島の時間を感じたい。
与謝野蕪村は「春の海終日（ひねもす）のたりのたりかな」と詠んだ。
静かな砂浜にでも寝転がって、気分も「のたりのたり」していたい。それも旅ではないか。
旅の終わりが島でもいい。一方で、歩かずとも船に乗って海の道をゆく旅もあるだろう。
「島の旅」にはロマンティックな響きがある。のんびり気ままな放浪のイメージも浮かぶ。
山頭火は晩年、瀬戸内沿いを旅しながら「秋晴れの島をばらまいておだやかな」と詠んだ。

写真：沖縄県の水納島

地球新発見の旅
What am I feeling here?

美しい日本へ
島の旅

CONTENTS

スペシャルインタビュー

夏川りみさん「島唄を歌い継いでいきたい」　44
小島よしおさん「島のイベントにどんどん参加したい」　46

特集　世界自然遺産の島へ……10

01	**西表島** 沖縄	
	いりおもてじま	12
02	**奄美大島** 鹿児島	
	あまみおおしま	18
03	**徳之島** 鹿児島	
	とくのしま	24
04	**沖縄島北部** 沖縄	
	おきなわじまほくぶ	26
05	**屋久島** 鹿児島	
	やくしま	30
06	**父島** 東京	
	ちちじま	36
07	**母島** 東京	
	ははじま	40

グラデーション・ブルーの孤独

08	**石垣島** 沖縄	
	いしがきじま	48
09	**与論島** 鹿児島	
	よろんとう	52
10	**慶良間諸島** 沖縄	
	けらましょとう	56
11	**宮古島** 沖縄	
	みやこじま	60
12	**久米島** 沖縄	
	くめじま	64
13	**水納島** 沖縄	
	みんなしま	68
14	**加計呂麻島** 鹿児島	
	かけろまじま	70
15	**波照間島** 沖縄	
	はてるまじま	72

あんな島 こんな島　**絶海に残された楽園**

| 16 | **南大東島** 沖縄 | |
| | みなみだいとうじま | 74 |

もっと知りたい島のこと
海の国境に立つ …… 76

潮騒に揺られて咲き乱れる花々

17	**淡路島** 兵庫	
	あわじしま	78
18	**礼文島** 北海道	
	れぶんとう	82
19	**六島** 岡山	
	むしま	84
20	**大根島** 島根	
	だいこんしま	86
21	**志々島** 香川	
	ししじま	88
22	**能古島** 福岡	
	のこのしま	90
23	**飛島** 山形	
	とびしま	94
24	**沖永良部島** 鹿児島	
	おきのえらぶじま	96

あんな島 こんな島　**猫の楽園・うさぎの聖地**

25	**湯島** 熊本	
	ゆしま	98
26	**田代島** 宮城	
	たしろじま	99
27	**相島** 福岡	
	あいのしま	100
28	**大久野島** 広島	
	おおくのしま	101

往古、火の物語があった。伊豆諸島

29 **伊豆大島** 東京
いずおおしま ……………… 102

30 **新島** 東京
にいじま ……………… 106

31 **式根島** 東京
しきねじま ……………… 108

32 **神津島** 東京
こうづしま ……………… 110

33 **三宅島** 東京
みやけじま ……………… 112

34 **御蔵島** 東京
みくらしま ……………… 116

35 **八丈島** 東京
はちじょうじま ……………… 118

36 **青ヶ島** 東京
あおがしま ……………… 122

もっと知りたい島のこと
島々をめぐる旅 東海汽船 ……………… 124

遠い波音を聴く多島という美景

37 **しまなみ海道** 広島／愛媛
しまなみかいどう ……………… 126

38 **隠岐諸島** 島根
おきしょとう ……………… 132

39 **対馬** 長崎
つしま ……………… 136

40 **松島** 宮城
まつしま ……………… 140

41 **九十九島** 長崎
くじゅうくしま ……………… 142

42 **英虞湾** 三重
あごわん ……………… 144

43 **家島諸島** 兵庫
いえしましょとう ……………… 146

うち騒ぐ海原に浮かぶ孤高の祈り

44 **厳島** 広島
いつくしま ……………… 148

45 **大島・沖の島** 福岡
おおしま・おきのしま ……………… 152

46 **金華山** 宮城
きんかさん ……………… 156

47 **天草下島** 熊本
あまくさしもじま ……………… 158

48 **中通島** 長崎
なかどおりじま ……………… 162

49 **久高島** 沖縄
くだかじま ……………… 166

50 **神島** 三重
かみしま ……………… 168

あんな島 こんな島 **島が躍動する日**

51 **悪石島** 鹿児島
あくせきじま ……………… 170

52 **伊是名島** 沖縄
いぜなじま ……………… 171

53 **姫島** 大分
ひめしま ……………… 172

54 **渡名喜島** 沖縄
となきじま ……………… 173

果ての時に生きた旅人の場所

55 **端島（軍艦島）** 長崎
はしま（ぐんかんじま） ……………… 174

56 **佐渡島** 新潟
さどがしま ……………… 178

57 **猿島** 神奈川
さるしま ……………… 182

58 **友ヶ島** 和歌山
ともがしま ……………… 184

59 **塩飽本島** 香川
しわくほんじま ……………… 186

60 **壱岐** 長崎
いき ……………… 188

61 **祝島** 山口
いわいしま ……………… 192

62 **平戸島** 長崎
ひらどじま ……………… 194

63 **大崎下島** 広島
おおさきしもじま ……………… 198

64 **竹富島** 沖縄
たけとみじま ……………… 200

潮の香りを呼吸するアートたち

65 **直島** 香川
なおしま ……………… 204

66 **豊島** 香川
てしま ……………… 206

67 **男木島** 香川
おぎじま ……………… 208

68 **犬島** 岡山
いぬじま ……………… 210

69 **佐久島** 愛知
さくしま ……………… 212

地の恵み海の恵みに誘われて

70 **小豆島** 香川
しょうどしま ……………… 214

71 **利尻島** 北海道
りしりとう ……………… 218

72 **焼尻島** 北海道
やぎしりとう ……………… 220

73 **粟島** 新潟
あわしま ……………… 222

74 **篠島** 愛知
しのじま ……………… 224

75 **見島** 山口
みしま ……………… 226

島自慢をお取り寄せ ……………… 228

エリア別 島MAP❶❷ ……………… 6・8
島旅ガイド ……………… 234
INDEX ……………… 236

いつか訪れたい 日本の島々

エリア別島MAP ①

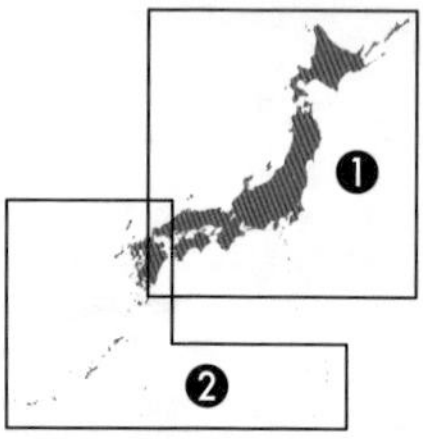

近畿の島々

⑰ **淡路島**
→P.78

㊸ **家島諸島**
→P.146

(58) **友ヶ島**
→P.184

中国・四国の島々

⑲ **六島**
→P.84

(70) **小豆島**
→P.214

㊳ **隠岐諸島**
→P.132

㊲ **しまなみ海道**→P.126

(67) **男木島**
→P.208

(66) **豊島**
→P.206

(68) **犬島**
→P.210

⑳ **大根島**
→P.86

(63) **大崎下島**
→P.198

㉘ **大久野島**
→P.101

㉑ **志々島**
→P.88

(59) **塩飽本島**
→P.186

(65) **直島**
→P.204

㊹ **厳島**→P.148

(75) **見島**
→P.226

(61) **祝島**
→P.192

65直島：草間彌生「赤かぼちゃ」2006年　直島・宮浦港緑地
66豊島：豊島美術館　内藤礼「母型」2010年　写真：森川昇
67男木島：ジャウメ・プレンサ『男木島の魂』
68犬島：犬島精錬所美術館　写真：阿野太一
69佐久島：制作：南川祐輝

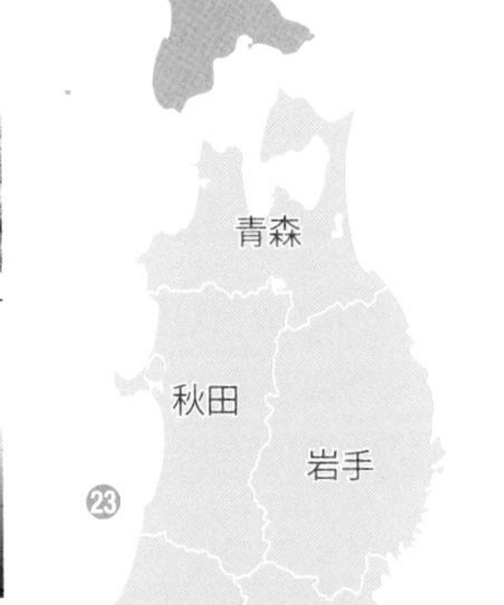
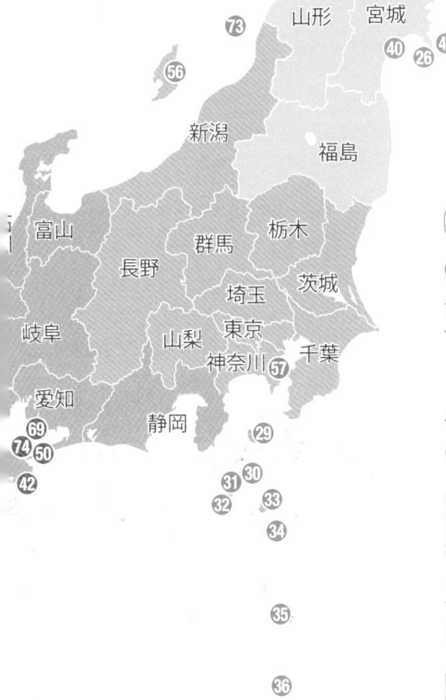

⑱
(71)
(72)
北海道
青森
秋田
岩手
㉓
山形
宮城
(73)
㊵
㉖
㊻
(56)
新潟
福島
富山
群馬
栃木
長野
茨城
埼玉
岐阜
山梨
東京
千葉
神奈川
(57)
愛知
静岡
(69)
(74)
㊿
㉙
㊷
㉛
㉚
㉜
㉝
㉞
㉟
㊱

東海・北陸の島々

(69) **佐久島**
→P.212

(74) **篠島**
→P.224

㊷ **英虞湾**
→P.144

㊿ **神島**
→P.168

北海道の島々

⑱ **礼文島**
→P.82

(71) **利尻島**
→P.218

(72) **焼尻島**
→P.220

東北の島々

㉓ **飛島**
→P.94

㊻ **金華山**
→P.156

㊵ **松島**
→P.140

㉖ **田代島**
→P.99

関東・甲信越の島々

㉙ **伊豆大島**
→P.102

㉞ **御蔵島**
→P.116

㉟ **八丈島**
→P.118

㉚ **新島**
→P.106

㉛ **式根島**
→P.108

㊱ **青ヶ島**
→P.122

(57) **猿島**
→P.182

㉜ **神津島**
→P.110

㉝ **三宅島**
→P.112

(56) **佐渡島**
→P.178

(73) **粟島**
→P.222

いつか訪れたい 日本の島々
エリア別島MAP ②

沖縄の島々

04 沖縄島北部 →P.26

10 慶良間諸島 →P.56

13 水納島 →P.68

11 宮古島 →P.60

49 久高島 →P.166

52 伊是名島 →P.171

16 南大東島 →P.74

54 渡名喜島 →P.173

12 久米島 →P.64

01 西表島 →P.12

08 石垣島 →P.48

15 波照間島 →P.72

64 竹富島 →P.200

福岡
佐賀
大分
53
62
41
48
長崎
55
25 熊本
47
宮崎
鹿児島

39
00 27 46
22

05

51

02
14
03
24 鹿児島
09
52
13 04
12 54
10
49
沖縄

16

11
01 64 08
15

8

小笠原諸島の島々

07 母島 →P.40

06 父島 →P.36

九州の島々

39 対馬 →P.136

45 大島・沖ノ島 →P.152
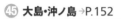

22 能古島 →P.90

27 相島 →P.100

53 姫島 →P.172

41 九十九島 →P.142

62 平戸島 →P.194

60 壱岐 →P.188

47 天草下島 →P.158

48 中通島 →P.162

55 端島 (軍艦島) →P.174

06

07

25 湯島 →P.98

51 悪石島 →P.170

02 奄美大島 →P.18

05 屋久島 →P.30

14 加計呂麻島 →P.70

09 与論島 →P.52

24 沖永良部島 →P.96

03 徳之島 →P.24

南海の青いシャングリラ

特集 世界自然遺産の島へ

類まれな自然美や生物の多様性が評価され、登録される世界自然遺産。
日本には5件の自然遺産があるが、そのうち3件が離島で構成されている。
本土から離れた土地で、自然の価値を身をもって体験したい。

船でしか行くことのできない西表島の
秘境ビーチ・イダの浜

奄美大島、徳之島、
沖縄島北部及び西表島
西表島➡P.12
奄美大島➡P.18
徳之島➡P.24
沖縄島北部➡P.26

屋久島
屋久島➡P.30

小笠原諸島
父島➡P.36
母島➡P.40

沖縄
01

島独自の豊かな自然に魅了される

西表島 ●いりおもてじま

星砂の浜 ●ほしずなのはま

海水浴やシュノーケルが楽しめる西表島で屈
指の人気を誇るビーチ。波は穏やかで透明度
が高く、岩場が多いためさまざまな種類の魚
を見ることができる。砂浜はもちろん、海中
では生きた星の砂（有孔虫）が見つかることも。

多くの希少な固有種が暮らす
神秘的なマングローブの森

　沖縄県内では本島に次ぐ大きさ。海岸近くにまで山が迫り、亜熱帯性の原生林に覆われている。昭和40年(1965)に見いだされ、世紀の発見といわれたイリオモテヤマネコをはじめ、カンムリワシ、イリオモテシャミセンヅルなど、固有種や天然記念物を含めた希少な動植物が数多く生息。島内には河川や滝も多く、河口域のマングローブ林には国内で見られる7種すべてが生育している。

　キャニオニングやカヌー、マングローブ・クルーズ、トレッキング、シュノーケルと、自然のなかでのアクティビティも充実している。また、西表島でぜひ体験したいのが水牛車。満潮時でも水深1mほどという遠浅の海を水牛車に揺られて由布島へと渡る。

月ヶ浜 ●つきがはま

島の北部に弓状に広がるビーチ。波が高いためシュノーケル
には向かないが、きめ細かい白砂と美しい夕日が人気。

島のキホン

沖縄県八重山郡竹富町
面積 約290km²	**周囲** 約130km
人口 約2500人（令和3年6月）
最高地点 470m（古見岳）
問い合わせ先 竹富町観光協会　☎0980-82-5445

島への行き方

石垣港離島ターミナル	高速船で約35〜45分 →	西表島

石垣港離島ターミナル
から西表島へは、上原港行きが1日最大13便、
往復4570円、直行便で所要約40
〜45分。上原港周辺は宿泊施設
や飲食店などが集まっており観光に
便利だが、冬は北風の影響で欠航
も多いので注意。大原港行きは1日
最大16便、往復3500円、直行便
で所要約35〜40分。

ようこそ西表島へ
世界自然遺産登録地として、貴重な
自然環境や生物多様性を守るために、
島でアクティビティを行う際は町長に認
定されたガイドツアーを利用しよう。
●竹富町観光宣伝部長 ピカリャ〜

石垣港離島ターミナル

N　0　3km

世界自然遺産登録地域

鳩間島　バラス島
星砂の浜　鳩間水道
上原港　鳩離島
月ヶ浜　船浦湾　赤離島
宇多良炭鉱跡　船浦橋　大見謝ロードパーク
外離島　ピナイサーラの滝　大見謝川　野原崎
赤崎　浦内川　テドウ山　ユツン三段の滝
サバ崎　内離島　マリュドゥの滝　カンビレーの滝　古見岳　由布島
イダの浜　舟浮湾　西表島　小浜島・竹富島・石垣港離島ターミナル
崎山湾　竹富町　西表野生生物保護センター　嘉佐崎
ヌバン崎　御座岳
鹿川湾　サキシマスオウノキ　仲間川　大原港　仲間崎
落水崎　マングローブの森
ウビラ石　南風見岳
南風見崎　波照間島

ワンポイント　宿泊施設の多くは上原港周辺にある。豪華なリゾートホテルから家庭的な民宿まで、好みに合わせて選べる。

マングローブの森 ●マングローブのもり

島内のいたるところで出会う、青々と茂ったマングローブの森。特に仲間川流域は日本最大のマングローブ群生地として有名。カヤックやクルーズなどのツアーでは、マングローブ林や貴重な生態系を観察できる。

©OCVB

バラス島 ●バラスとう

西表島から船で約10分で行くことができるサンゴでできた無人島。潮が引いた時のみ海の中に現れる奇跡の島だ。

透明度の高い海でシュノーケル。海の中にはサンゴ礁が広がる

©OCVB

サキシマスオウノキ
仲間川の上流にあり、天然記念物に指定されている巨大なサキシマスオウノキ。木の生命力を感じられる。

大見謝ロードパーク ●おおみじゃロードパーク

大見謝川のマングローブ林に設置された木製の遊歩道でマングローブや生き物を間近に観察できる公園。西表北部の美しい海を見渡せる展望台もある。

ピナイサーラの滝 ●ピナイサーラのたき

ヒナイ川の中ほどにあり、落差約55mのダイナミックな滝。滝へはカヌーやトレッキングなどのツアーに参加するのがおすすめ。

ピナイサーラの滝の上からは船浦湾の絶景を望むことができる

✐ワンポイント　西表野生生物保護センターではイリオモテヤマネコをはじめ西表に生息する生物について学ぶことができる。

由布島 ●ゆぶじま

西表島から由布島へは約400m、遠浅で満潮時でも深さ1mほどなので、水牛車で渡る。のんびりとした時間の流れを楽しもう。

宇多良炭鉱跡 ●うたらたんこうあと

昭和10年（1935）から約8年稼働していた炭鉱の跡地。遊歩道が整備され、島に残る歴史的な近代産業遺産を見学できる。

マリュドゥの滝 ●マリュドゥのたき

浦内川上流にある幅約20m、高さ約16mの豪壮な滝。滝は2段になっており、滝壺が丸いのが特徴。日本の滝百選に選ばれている。滝へはボートとトレッキングで向かう必要があり、上流にあるカンピレーの滝とともに巡るツアーに参加するのが一般的。

おすすめの季節はいつ？

梅雨が明けてマリンアクティビティやマングローブ探検が楽しめる7〜10月がおすすめ

夏は台風に注意が必要だが、サガリバナや、パインや島バナナといった南国フルーツが楽しめる。5〜6月は梅雨。海水浴は4〜10月まで楽しめる。南国独特の節祭もタイミングが合えばぜひ。

サガリバナ▶6月下旬〜7月下旬　**節祭**▶旧暦の10月頃

島での過ごし方
固有の大自然を体感する

[1日目]

午後＊マングローブに囲まれた八重山諸島最大の島へ

飛行機で新石垣空港に到着。石垣港離島ターミナルに移動し、フェリーで西表島へ。ホテルに宿泊。

[2日目]

午前＊亜熱帯の森をトレッキングで満喫

ツアーに参加して、カヌーやトレッキングで広大なマングローブの森を散策。西表の珍しい植物や動物に出会う。昼食には島料理や南国フルーツがおすすめ。

午後＊ゆったりと流れる島時間を過ごす

水牛車に乗って由布島へ。島観光を堪能したら、また水牛車に揺られて戻る。夕暮れどきには月ヶ浜などビーチを散歩するのもロマンティック。

[3日目]

午前＊クリアブルーの海で、サンゴに出会う感動を体験

上原港から船でバラス島に移動し、シュノーケルを楽しむ。まるで花畑のように一面にサンゴが群生する美しい海の景色は、忘れられない思い出になる。

午後＊空港でグルメやおみやげ探しも忘れずに

フェリーで石垣島へ移動。新石垣空港でおみやげを購入したら、飛行機で帰路につく。

ヤエヤマヒメボタル

石垣島と西表島でしか見ることができないホタル。体長は2〜4mmほどしかなく、日本最小のホタルといわれている。西表島では2〜4月頃に見ることができ、光の点滅速度が速いのが特徴。

画像提供：竹富町観光協会

サガリバナ

6月下旬〜7月下旬に見られる西表島を代表する花。夜に咲き朝に散る一夜限りの儚い花で、サガリバナを見学するツアーもある。

鹿児島
02

奄美ブルーの海が魅せる島美景
奄美大島 ●あまみおおしま

東洋のガラパゴスの異名を持ち
独自の生態系を育む島

島は亜熱帯性気候に属し、豊かな水と潤いのある土壌によって育まれた自然が鮮烈。南国特有の明るく澄んだ海に面した数多のビーチも美しいが、特筆すべきは原生林の豊かさだ。国内最大のシダ植物であり生きる化石とも称されるヒカゲヘゴや、イタジイなどが茂り、島の動物たちのみならず、古くから人々の暮らしをも支えてきた。

太古の面影を残すジャングルは、天然記念物にも指定されるルリカケス、島の固有種であり絶滅が危惧されるオーストンオオアカゲラ、アマミノクロウサギ、キノボリトカゲなど希少な動物たちの楽園でもある。また、歴史的観点から見ても重要な島で、貝塚をはじめ先史時代からの史跡が残り、西郷隆盛が蟄居した島としても有名。

青い海と広い空が広がる
土盛海岸。雄大な自然
に囲まれた癒やしの島

倉崎海岸 ●くらさきかいがん

奄美大島でトップクラスの美しさを誇る倉崎
海岸。湾内にあり波も穏やかで、ダイビング
やウインドサーフィンが人気。

ようこそ奄美大島へ

カヌーができなくても早朝の県道609号線沿いから美しいマングローブ原生林を見られます。日の出時刻が満潮時刻と重なればマングローブを構成する植物が水面に映りこみ、幻想的な光景が広がります。
●あまみ大島観光物産連盟のみなさん

マングローブ原生林 ●マングローブげんせいりん

役勝川と住用川が合流する河口域には広大なマングローブ原生林が広がっており、国定公園特別保護区にも指定されている。マングローブの森をカヌーで探検するツアーは人気のアクティビティのひとつ。

あやまる岬 ●あやまるみさき

丸い岬の形が綾織りの「まり」に似ていることが名前の由来。岬の下は公園になっており、家族連れにも人気のスポットだ。

島のキホン

鹿児島県奄美市、大島郡龍郷町、大和村、宇検村、瀬戸内町
面積 約712㎢ **周囲** 約461km
人口 約5万8000人（令和3年6月）
最高地点 694m（湯湾岳）
問い合わせ先 奄美大島観光案内所 ☎0997-57-6233

島への行き方

鹿児島新港 フェリーで約11時間 → **奄美大島**
鹿児島空港 飛行機で約1時間

最も便数が多いのは鹿児島からの飛行機で1日10便。沖縄、福岡、羽田、伊丹などからもそれぞれ1日1便運航している。船の場合、鹿児島～那覇間を運航するフェリーや、神戸、大阪から那覇へ運航しているフェリーも利用できる。島内の移動はレンタカーがおすすめ。

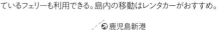

鹿児島新港

西郷南洲謫居跡
高岳 ▲
あやまる岬
土盛海岸
秋名湾
笠利湾
奄美海洋展示館
名瀬立神
倉崎海岸
龍郷町
✈奄美空港
大浜海浜公園
名瀬港
58
奄美パーク
野生生物保護センター
田中一村終焉の家
大島紬村
田中一村記念美術館
徳之島・沖縄
小川岳 ▲
大和村
金作原原生林
ばしゃ山村
奄美フォレストポリス
▲松長山
鳥おこし市場
湯湾岳
奄美市 奄美大島
ビラビーチ
湯湾岳展望台
ヤクガチョボシ山
ハートロック
焼内湾
宇検村
58
立神島
マングローブ原生林
609 トビラ島
江仁屋離島
鳥ヶ峰
油井岳展望台 ・油井岳
薩川湾
58
キャンマ山
嘉入山
ホノホシ海岸
須子茂離島
瀬戸内町
加計呂麻島
大水島
→P.70
伊子茂湾
請島
嘉鉄湾 請鈍湾
大島海峡

0 N 5km

世界自然遺産登録地域

特集　世界自然遺産の島へ　奄美大島

おすすめの季節はいつ?

**年間を通して過ごしやすいが、
海水浴やマリンスポーツを楽しむなら4〜10月**

梅雨に入る5〜6月や、台風が多くなる9月は避けたい。真夏以外は朝晩冷え込むことがあるので羽織るものを持参したほうがよい。急な雨も多いので雨具も必須だ。

ヒカンザクラ▶1〜2月　デイゴ▶5〜6月

島での過ごし方
奄美の文化と自然を全力体感

1日目
午前＊飛行機で奄美大島に到着
午前着の便で奄美空港へ。到着後はまず空港でレンタカーを借りる。事前にネット予約をしておくとスムーズだ。
午後＊奄美大島についてよく知ろう
空港近くの奄美パークで奄美の自然や歴史、観光情報をチェック。大島紬村で染物体験もできる。夜は希少な野生生物を観察できるナイトツアーへ。

2日目
日中＊奄美大島の大自然を満喫
金作原原生林の散策とマングローブカヌーのツアーに参加。奄美大島の陸と海の両方を堪能できる。動きやすい服装で参加しよう。
夜＊疲れを癒やしてくれる食事
ディナーには奄美大島の伝統食や、旬の素材を使ったイタリアンを楽しみたい。黒糖焼酎も忘れずに。

3日目
午前＊光がきらめく美しい海を眺める
土盛海岸やあやまる岬など空港方面の景勝地へ。太陽が高い午前中のほうが海は美しく見える。
午後＊おみやげをゲットして、空港へ
ばしゃ山村の島おこし市場などでおみやげを購入。

ハートロック
ビラビーチにある干潮のときにだけ姿を現すハート形の潮だまり。訪れる際は干潮時間の確認を忘れずに。

ホノホシ海岸 ●ホノホシかいがん
荒波にもまれて角が削られた玉石で埋め尽くされた海岸。石がカラカラと音をたてて転がる様子はここならでは。周囲の奇岩と併せて楽しみたい。

鶏飯 ●けいはん
ご飯に鶏肉や錦糸卵、シイタケ、パパイヤ漬けなどをのせ、鶏でとったスープをかける。店ごとにスープの味や具材が異なるので好みの味を見つけたい。

©K. P. V. B

©K. P. V. B

**平瀬マンカイ
●ひらせマンカイ**
旧暦8月の初丙の日に秋名湾西岸で行われる五穀豊穣を願う祭り。

大浜海浜公園 ●おおはまかいひんこうえん
白い砂浜と穏やかな海が広がる公園。近海に生息する生物を展示・飼育する奄美海洋展示館もある。夕日や星空を見るためだけに訪れる人も多いという。

金作原原生林 ●きんさくばるげんせいりん

天然亜熱帯広葉樹の原生林。国の特別天然記念物に指定されているルリカケスなど希少な生物も生息している。

マテリヤの滝 ●マテリヤのたき

奄美フォレストポリスという森林浴公園内にある神秘的な滝。鬱蒼とした森の中で滝壺にだけ光が差し込み美しく輝いていたことが名前の由来。

巨大なヒカゲヘゴ群落の散策と、マングローブカヌーがセットになったツアーも

土盛海岸 ●ともりかいがん

島の人々が「奄美で最も美しい」と太鼓判を押す海。白い砂浜からエメラルドグリーン、深い青へと変わるグラデーションが美しい。

ワンポイント　街灯も少ない奄美は星の観察にもぴったり。晴れた夜には頭上に広がる満天の星を実感できるはず。

世界自然遺産 奄美大島、徳之島、沖縄島北部及び西表島

鹿児島 03

サンゴ礁の海と希少な生物が待つ

徳之島 ●とくのしま

ようこそ徳之島へ

自然が見せる壮大な景観がおすすめ。水平線に沈んでいく夕日を眺めながらのんびりするのもいいですね。夕日スポットは、与名間ビーチ、犬の門蓋、犬田布岬などがおすすめです。
●徳之島観光連盟 浅野さん

手つかずの自然と独自の文化が多彩な表情を見せる

　徳之島は鹿児島県の奄美群島に属し、奄美大島の南西に位置する奄美群島内で2番目に大きな島。気候は沖縄諸島などと同じく亜熱帯性気候に属する。サンゴ礁の海に囲まれ、ダイビングやサーフィンなどのマリンアクティビティが人気。徳之島でしか見られない希少な動植物も魅力で、トクノシマトゲネズミなどの固有種が生息する。特に闘牛は根強いファンがいるほど人気の娯楽で、島には闘牛場が7カ所もある。また、長寿や子宝の島としても知られ、出生率は常に全国トップクラスを誇る。

島での過ごし方
海も景勝地も島一周ですべて満喫

1日目

午前＊鹿児島空港から飛行機で徳之島到着
徳之島到着後まずは腹ごしらえ。奄美地方の郷土料理など伝統の味を堪能したあとはレンタカーを借りて島巡りに出発。

午後＊島南西部をぐるっとドライブ
犬の門蓋や犬田布岬、喜念浜など島の南西部に点在する観光スポットに立ち寄りながら爽快ドライブ。

2日目

午前＊徳之島の美しい海を満喫
スキューバダイビングやシュノーケルなどで徳之島が誇る美しいサンゴ礁の海を楽しむ。冬場はホエールウォッチングで海を満喫。

午後＊島北部の名所を観光
ソテツがアーチを作る南国ムード満載の金見崎ソテツトンネルや独特の地形が楽しめるムシロ瀬を巡り空港へ。

ワンポイント 徳之島に生息する希少な動物たちを観察するエコツアーが人気。徳之島の自然が育む命に会いに行こう。

犬の門蓋の展望台
から見たサンゴ礁
の海。濃淡のある
ブルーが美しい

気になる！ 徳之島伝統の闘牛

島民が収穫を終えた喜びを祝うための娯楽のひとつとして、約400年前から行われていたといわれる闘牛。島には7つの闘牛場があり、年に数回開催される大会の時期には多くのファンが集まり島は熱気に包まれる。1tを超す巨体が激しくぶつかり合う様子は圧巻だ。

島のキホン

鹿児島県大島郡徳之島町、天城町、伊仙町
面積 約248k㎡　**周囲** 約89km
人口 2万1000人（令和3年6月）
最高地点 645m（井之川岳）
問い合わせ先 徳之島観光連盟　☎0997-81-2010

島への行き方

那覇港 フェリーで約9時間30分
鹿児島空港 飛行機で約1時間
→ 徳之島

徳之島へは鹿児島または奄美大島経由の航空便が便利。奄美大島経由の場合は所要30分。鹿児島空港からは1日5往復、奄美大島からは1日2往復。フェリーは鹿児島港からも出ているが、所要約15時間かかるので、時間に余裕がある場合は利用してもよい。

おすすめの季節はいつ？

徳之島の梅雨が明ける6月下旬〜9月がおすすめ

夏は青い海と鮮やかな花々が見せる南国風景が魅力で、マリンスポーツにもぴったり。冬の楽しみも満載で、1月下旬には桜が見頃を迎え、海ではホエールウォッチングを楽しむことができる。
梅雨▶5月下旬〜6月　**ホエールウォッチング**▶1月〜3月中旬

犬の門蓋
● いんのじょうふた

隆起サンゴ礁の長年にわたる浸食によりできた断崖・奇岩。通称「めがね岩」といわれている。

金見崎ソテツトンネル
● かなみざきソテツトンネル

約250m続くソテツのトンネル。暴風対策のために植えられた樹齢約300〜350年のソテツがゆっくりと時間をかけてアーチをつくり上げた。

沖縄
04

豊かな生態系を守るやんばるの森
沖縄島北部 ●おきなわじまほくぶ

奄美群島を望む沖縄本島
最北端の景勝地・辺戸岬

生物多様性に富み、
多種多様な命を育む

　沖縄島北部の山や森林など豊かな自然が残っているエリア。ヤンバルクイナなど多くの希少な動植物が生息し、石灰岩の海食崖やカルスト地形、マングローブ林など多様な自然環境を有する。古くから山々が連なり森の広がる地域という意味の「やんばる」と呼ばれ親しまれており、国内最大級の亜熱帯照葉樹林が広がるエリアは国立公園に指定されている。トレッキングやカヌーなどやんばるの大自然を満喫できるツアーも多く開催され、絶景が楽しめる景勝地や森に囲まれたカフェなど魅力的なスポットが満載。

慶佐次湾のヒルギ林 ●げさしわんのヒルギりん

慶佐次川の下流に広がる沖縄島最大規模のマング
ローブ林。林の中にはシオマネキやミナミトビハ
ゼなどの生物が生息している。

ようこそ沖縄島北部へ
トレッキングやカヤックなど、体験プログ
ラムが満載！稀少な動植物や独自の生
態系を守るため、ガイドツアーを利用し、
豊かな大自然を体感してください！
●沖縄観光コンベンションビューロー 照屋さん

島のキホン

沖縄県国頭郡国頭村、大宜味村、東村
面積 国頭村約195㎢、大宜味村約64㎢、東村約82㎢
人口 国頭村約4500人、大宜味村約2900人、東村約1600人(令和3年6月)
最高地点 503m(与那覇岳)
問い合わせ先 国頭村観光協会　☎0980-41-2420
大宜味村観光協会　☎0980-50-5707
東村観光推進協議会☎0980-51-2655

島への行き方

那覇空港 車で約2時間 → **辺戸岬**
那覇空港からの移動はレンタカーが便利。路線バスは名護と辺土
名でそれぞれ乗り換えが必要。辺土名から先の路線バスは1日4便
しかなく、予約が必要な場合もある。

おすすめの季節はいつ?

**沖縄観光のベストシーズンは
台風時期を除き、海に入れる7〜9月**
沖縄島北部は主にマングローブの森などの観光がメインなので、日
差しの和らぐ10月以降もおすすめ。沖縄観光のベストシーズンを外し
たローシーズンを狙うとゆっくり楽しむことができる。ただしカヤックやカ
ヌーを使ったツアーは暖かい時期のみの場合が多いので注意。
梅雨 ▶ 5月上旬〜6月中旬　**台風 ▶** 8〜9月

沖縄島北部

辺戸岬
大石林山▲　ヤンバルクイナ展望台
茅打バンタ
アダンビーチ
国頭村
オクマビーチ
道の駅
ゆいゆい国頭
やんばる3村
観光案内所
ヤンバルクイナ
生態展示学習施設
(クイナの森)
比地大滝
安田ヶ島
喜如嘉の七滝
大宜味村
東村
道の駅 おおぎみ
ター滝
名護市街
那覇空港
東村ふれあいヒルギ公園
慶佐次湾のヒルギ林
平良湾
宮城島
名護市
宜野座村

0　　　　5km

世界自然遺産登録地域

ワンポイント 国の重要無形文化財に指定されている伝統工芸「芭蕉布」の工程の一部を体験できる工房もある。

島での過ごし方
やんばるの自然を全身で感じる

1日目
午前＊那覇空港から沖縄島北部へ
空港から約2時間のドライブ。途中で休憩を挟みながらやんばるへ向かおう。

午後＊沖縄島北部の絶景を堪能
沖縄島北端の辺戸岬、茅打バンタなどの絶景スポット、奇岩や巨大なガジュマルが魅力の大石林山などを巡る。

2日目
午前＊国の天然記念物
ヤンバルクイナに会いに行く
国頭村にあるクイナの森ではヤンバルクイナを間近で観察できる。

午後＊マングローブの森を探検
東村ふれあいヒルギ公園では慶佐次川のマングローブの散策やカヌー体験(要予約)でやんばるの自然を楽しめる。

3日目
午前＊自然のマイナスイオンに
癒やされる
ター滝を目指し、手つかずの自然をトレッキング。ダイナミックな滝とマイナスイオンで心身ともに浄化される。

午後＊おみやげを買って空港へ
やんばるエリアの道の駅や那覇市内でおみやげを買って空港へ。

大石林山
●だいせきりんざん
やんばる国立公園内にあり、約2億5000万年前の石灰岩が侵食されてきたカルスト地形の観光スポット。

ター滝 ●ターたき
平南川上流にある落差約10mの滝。滝までの道のりは川の中を歩いて向かうリバートレッキングが楽しめる。

世界自然遺産
「奄美大島、徳之島、沖縄島北部及び西表島」を知る

登録年 2021年　**面積** 4万2698ha

奄美大島、徳之島、沖縄島北部、西表島の4島にまたがる常緑広葉樹多雨林に覆われた亜熱帯地域で、アマミノクロウサギやイリオモテヤマネコなどの遺存固有種や独特な進化を遂げた種の例が多く存在する。世界遺産地域に生息・生育する国際的絶滅危惧種は95種におよび、島に生きる陸域生物にとってかけがえのない生息地である。世界でも生物多様性が突出して高い地域であることから、2021年7月に国内で5番目となるユネスコ世界自然遺産に登録された。

鹿児島県
奄美大島
徳之島
沖縄島北部
沖縄県
西表島

島固有の生き物たち

アマミノクロウサギ
奄美大島、徳之島

奄美大島と徳之島にのみ生息。ジャンプが苦手で、ぴょんぴょん飛びはねない。環境省提供

イリオモテヤマネコ
西表島

西表島にのみ生息。丸い耳と耳の後ろの白い斑点、目の周りの白い縁取りが特徴。環境省提供

トクノシマトゲネズミ
徳之島

徳之島にのみ生息。腰の部分に生えるトゲのような毛とウサギのような歩き方が特徴。環境省提供

ケナガネズミ
奄美大島、徳之島、沖縄島北部

奄美大島、徳之島、沖縄島北部にのみ生息する日本最大のネズミ。主に木の上で暮らす。環境省提供

セマルハコガメ
西表島

西表島のほか、石垣島や台湾に生息。甲羅が高くドーム状に盛り上がっている。環境省提供

ナミエガエル
沖縄島北部

沖縄島北部にのみ生息する大型のカエル。ぬるぬるでずんぐりした体と短い手足が特徴。環境省提供

ヤンバルクイナ
沖縄島北部

沖縄島北部にのみ生息する飛べない鳥。お腹のしま模様と真っ赤な口ばしや足、目が美しい。

ルリカケス
奄美大島

奄美大島や加計呂麻島に生息するハトより少し大きな鳥。光沢のある瑠璃色と赤褐色の羽を持つ。

屋久島・やくしま

鹿児島
05

苔と巨木に包まれる幻想的な森

悠久の時を経て自生する縄文杉
日本国内の世界遺産第一号の島

鹿児島市の南へ約135㎞、大隅半島の南へ約60㎞の海上に位置する円形の島。九州最高峰の宮之浦岳（1936ｍ）をはじめ標高1000〜1900ｍ級の山々が連なり、多くを山岳部分で占められていることから「洋上アルプス」と呼ばれている。小説家・林芙美子氏の代表作「浮雲」で、「ひと月に35日雨が降る」と表現するほど雨が多く、年間平均降水量は平地で約4500㎜、山間部では8000〜10000㎜と日本の年間平均降水量の2倍をはるかに凌ぐ量で、その半分近くが5月から8月に集中している。海山の自然環境を満喫できるアクティビティが盛んで、なかでも縄文杉や白谷雲水峡などを目指すトレッキングコースが人気だ。ダイビングやウミガメの産卵見学といったエコツアーもさまざま。

人間の食べ物は
島の動物たちにと
って、病気の元
になることもある

特集　世界自然遺産の島へ　屋久島

一面を苔に覆われた神秘的な
緑一色の森が広がる白谷雲水
峡。巨木の枝や根に岩が入り
乱れ、幽玄な世界が広がる

島での過ごし方
太古の森を存分に堪能する

1日目
午前＊宮之浦港に着いたらまずチェックイン
ホテルにチェックインし、そのあと早めのランチタイム。
午後＊海岸線沿いの県道をドライブ
レンタカーで島を一周。永田いなか浜や西部林道、千尋の滝などの名所を巡る。次の日に備えて早めに就寝。

2日目
午前＊早起きで縄文杉トレッキングへ
早朝4時頃に宿を出発し、6時頃に荒川登山口着。トロッコ道をたどり、大株歩道の入口へ。憧れの縄文杉とのご対面！
午後＊下山し、温泉で疲れを癒やす
縄文杉近くで弁当を食べたら下山。午前とは雰囲気の違う木々の姿が見られる。ホテルに戻ったら、屋久島のグルメや温泉を満喫して、のんびりと過ごす。

3日目
午前＊白谷雲水峡へ。苔むした森を歩く
白谷広場から白谷雲水峡へ入っていく。所要約3時間の奉行杉コースを歩き、神秘的な苔むした森を満喫。
午後＊屋久杉の工芸品をおみやげに
お気に入りのおみやげを探し、帰路につく。

白谷雲水峡 ●しらたにうんすいきょう
宮之浦川の支流である白谷川の上流に位置する自然休養林。ヤクスギなどの原生的な森林を目の当たりにできる。美しい渓流と何百種類の苔に覆われた深い緑の森を、多彩に設定された散策コースで観賞したい。

✓ **ワンポイント** 宿泊施設が多いのは宮之浦と安房。宮之浦は飲食店などが充実、安房は縄文杉へ向かう荒川登山口が近いのがメリット。

ウィルソン株 ●ウィルソンかぶ

長い歳月が切株の内部を空洞化させ、10畳分ほどのスペースができている。頭上の空洞部分がハート形に見える。

トビウオの唐揚げ ●トビウオのからあげ

屋久島の名物であるトビウオ料理のなかでも驚くのが、1匹まるごと揚げる唐揚げ。開いた胸ビレは今にも飛び始めそう。骨まで食べられ、ほくほくの身もおいしい。

島のキホン

鹿児島県熊毛郡屋久島町
面積 約540km²　**周囲** 約127km
人口 約1万2000人（令和3年6月）
最高地点 1936m（宮之浦岳）
問い合わせ先 屋久島観光協会　☎0997-46-2333

島への行き方

鹿児島本港南埠頭	高速船で約2～3時間	
鹿児島空港	飛行機で約40分	→ 屋久島

鹿児島から屋久島への飛行機は1日6便ほど、高速船は1日6便ほど運航している（時期により異なる）。島内は路線バスが利用できる。種子島・屋久島交通とまつばんだ交通が運行する周遊バスを利用してもよい（要予約、運休の場合あり）。空港や港にはタクシーも待機している。自由に動きまわりたいのであれば、レンタカーが便利だ。

おすすめの季節はいつ?

屋久島の豊かな雨を楽しむ気持ちで訪れたい

ベストシーズンは4月上旬～7月上旬。多雨で知られる島で、特によく降るのは6月。次いで3～5月、8～9月は台風シーズン。それ以外の月も、まず雨に降られると思っておいたほうがいい。むしろ少々の雨ならば、楽しむぐらいの気持ちでいたい。11月を過ぎるとぐっと気温が下がり、冬はしばしば降雪がある。
ヤクシマシャクナゲ▶5～6月　**コケスミレ**▶5～6月
ヒメコナスビ▶7月　**ヒメウチワダイモンジソウ**▶10月
ホソバハグマ▶7～11月　**ヤクシマツルリンドウ**▶8～9月

宮之浦岳 ●みやのうらだけ

山頂一帯は低いヤクザサに覆われている。シャクナゲも群生しており、6月上旬には淡い紅白色の花が山肌を美しく彩る。

太鼓岩 ●たいこいわ

白谷雲水峡を越え、さらに登った先にある花崗岩の巨石。標高1050m地点にあり、季節ごとに異なる眺望が楽しめる。

ようこそ屋久島へ
屋久島の西部地域は車で通れる世界遺産エリアです。ヤクザルやヤクシカに出会えます！野生動物の観察は距離を置き、ルールやマナーを守って行きましょう。
●屋久島観光協会事務局のみなさん

縄文杉 ●じょうもんすぎ

昭和41年(1966)に発見された樹高25.3m、胸高周囲16.4mにもおよぶ国内最大の杉の木・屋久杉。推定樹齢は2170年から7200年とされている。

ヤクスギランド

仏陀杉やくぐり杉、ひげ長老など、その独特な形から名付けられた屋久杉が多く自生する森。体力に自信がない人でも歩けるコースがあり、気軽に自然にふれられる。バスは1日2本なので、レンタカーでアクセスするのがおすすめ。

気になる! 縄文杉トレッキングへ出発

屋久島の代名詞でもある縄文杉にたどり着くには、長時間のトレッキングが必要。荒川登山口から大株歩道を合計22km歩く(所要約10時間)。登山口へは屋久杉自然館から荒川登山バス(所要約35分)の利用が必須で、乗車券は前日までに観光案内所などで要購入。途中、大王杉や三代杉、ウィルソン株など、名だたる巨木が点在し、太古の森の魅力が存分に堪能できる。かなり険しい山道もあるため、しっかりとした登山用の装備で挑みたい。

屋久島

永田いなか浜 ●ながたいなかはま

島北西部の永田集落にある美しい浜辺。北太平洋一の、アカウミガメの産卵地として知られる。

大川の滝 ●おおこのたき

屋久島の滝では水量・規模とも最大規模を誇り、「日本の滝百選」にも選ばれている滝。滝壺の真下まで歩いて行ける。

湯泊温泉 ●ゆどまりおんせん

島の南西部にある、海が眼前に広がる温泉。湯温はぬるめで、潮騒を聞きながらの入浴をゆっくりと楽しめる。

世界自然遺産「屋久島」を 知る

登録年 1993年　**面積** 1万747ha

屋久島は巨大な花崗岩が隆起してできた島で、九州の最高峰・宮之浦岳をはじめとする山々が裾を広げた急峻な地形を有する。さらに多雨に恵まれていることなどから、極めて特殊な森林植生を有している。1993年には、樹齢数千年の屋久杉をはじめとする特殊な森林植生や、亜熱帯から冷温帯におよぶ植生の垂直分布など、屋久島の貴重な自然環境・自然資源が世界的な評価を受け、国内で最初の世界自然遺産に登録された。

熊本県
宮崎県
鹿児島県
屋久島

島の成り立ち

海面
堆積物
マグマ溜まり

マグマ溜まりが少しずつ上昇

断層
堆積物

海上の堆積物は雨などで浸食される

花崗岩
堆積物

冷えて花崗岩になったマグマ溜まりが海上に現れる

標高による植生の分布

2000m
1800m　●宮之浦岳 1936m
1600m
1400m
1200m　●縄文杉 1300m
1000m　●ヤクスギランド 1000m
800m
600m　●白谷雲水峡 600m
400m
200m　●千尋滝 250m
0m　●屋久杉自然館 160m

スギ林林帯
ヤクシマダケ草原帯
照葉樹林帯

島の植生　おもなスポットの標高

島固有の生き物たち

ヤクシカ

ニホンジカの亜種で、屋久島と口永良部島に生息。ニホンジカに比べ小柄で、四肢がやや短い

ヤクザル

屋久島に固有のニホンザルの亜種。ニホンザルに比べ小柄で、手足の体毛が長く粗いのが特徴

35

東京 06

世界屈指の固有種の宝庫

父島 ●ちちじま

小笠原海洋センターではアオウミガメの飼育・保護を行う

東京都心から約24時間の船旅
珍しい生き物と出会える南国の離島

東京・竹芝桟橋から南へ約1000kmの太平洋上、24時間の船旅で到着するのが2011年に世界遺産に登録された小笠原諸島の玄関口・父島だ。島が発見されたのは、16〜17世紀頃と考えられている。最初の入植者は、天保元年(1830)にやって来た欧米人とハワイの人々ら20数人ほど。明治9年(1876)になって国際的に正式に日本領土と認められた。

緯度は沖縄とほぼ同じ。オガサワラビロウなどの南洋の植物が茂り、白砂のビーチとボニンブルーの海が広がる。東京都にある南国の楽園だ。大陸と一度も陸続きになったことがない海洋島で、珍しい動植物の宝庫である。1〜4月にはザトウクジラが繁殖のために近海に巨大な姿を現し、6〜7月には浜辺がアオウミガメの産卵地となる。

中心街から少し離れている小港海岸は、島のなかでも観光客があまり訪れない穴場スポット。海中にサンゴが少ないので海水浴にぴったり。運が良ければウミガメの産卵を見られるかも

ようこそ父島へ
小笠原諸島は絶景ポイントだらけの秘境中の秘境だゾ！境浦海岸では沈没船シュノーケリングも楽しめるゾ！5月から11月までは水着で気持ちよく泳げるけど、日差しが非常に強いから、日焼け止めやラッシュガード、サングラスなどがあるといいゾ。
●小笠原村観光局「おがじろう」

写真提供 小笠原村観光局

南島 ●みなみじま

父島の南西部にある、国の天然記念物に指定
されている無人島。自然保護のために1日に上
陸できる人数は100人までに制限されている。

島での過ごし方
小笠原固有の生態系を体感

1〜2日目
竹芝桟橋から「おがさわら丸」で丸1日の船の旅へ
父島到着は翌日の昼。到着後にシュノーケリングをするなら
宮之浜や製氷海岸がおすすめ。夕方は夕日のきれいなウェ
ザーステーション展望台へ。

3日目
日中＊千尋岩（ハートロック）へ行くツアー
トレッキング用の装備をし、飲み物をしっかり準備して出発。
途中、戦跡や小笠原固有種の動物や植物、天然記念物が
見られる貴重な体験を。
夜＊オガサワラオオコウモリや星空を見に行く
ツアーから戻ってしばし休憩。夕食後は、星空や野生の動
植物を探しに行くナイトツアーへ。

4日目
日中＊貴重な動植物が生息する南島へ
イルカと一緒に泳げるドルフィンスイムのツアーに参加。途
中、"宝石の島"と呼ばれる無人島の南島に上陸。
夜＊小笠原ラム酒に島寿司を堪能
居酒屋で地元の人たちと語らいながら夕食。二見港周辺に
店が集中しており、遅くまで開いている店もある。

5〜6日目
午後のフェリーで竹芝桟橋を目指す
船の出港は15:00または15:30なので午前中はたっぷりツア
ーに参加できる。フェリーに乗り翌日夕方、竹芝桟橋に到着。

ウェザーステーション展望台
●ウェザーステーションてんぼうだい

父島の西側の海を望む展望台で、特に太平洋に沈む夕日は格別。
1〜4月は陸からのホエールウオッチングに最適。

ジニービーチ

父島の南西端に位置し、南島を望むビーチ。陸路はなく海から
ボートやシーカヤックでのみ上陸が可能。

✔ **ワンポイント** レストランなど飲食店は20軒以上あり、深夜まで営業しているお店もある。店は二見港周辺に集中している。

千尋岩 ●ちひろいわ

海側から見ると赤い岩肌がハート形に見えるため「ハートロック」と呼ばれている。地上200m以上の高さの千尋岩は見晴らし抜群。

コペペ海岸 ●コペペかいがん

ギルバート諸島出身の先住民「コペペ」が利用したことからこの名がついたと伝わる。サンゴが豊富でシュノーケリング向きの海岸。

初寝浦展望台 ●はつねうらてんぼうだい

高台にある展望台で、周囲を切り立った山で囲まれている初寝浦など、父島の東側を眺めることができる。

世界遺産登録地域

筋岩岬　兄島
西島　人丸島　見返山
　　　家内見崎
宮之浜海岸　宮之浜　兄島瀬戸
三日月山　　長崎　東島
ウェザーステーション　　製氷海岸
展望台　二見港　夜明山
小笠原海洋センター　　初寝浦展望台
烏帽子岩　境浦海岸　小笠原村
　　二見湾
野羊山　　中央山
　　父島
小港岬　コペペ海岸
小港海岸　野瀬農園
　高山
二本岩
　門岩
ジニービーチ　南島　千尋岩　巽島
沖冠岩南小島　南崎　巽崎
南丸根　霊岸島

0　　　　2km　N

竹芝桟橋
母島

島のキホン

東京都小笠原村　面積 約23km²　周囲 約52km
人口 約2100人(令和3年6月)
最高地点 321m(中央山付近)
問い合わせ先
小笠原村観光協会　☎04998-2-2587

島への行き方

竹芝桟橋　定期船で約24時間　二見港

飛行場はなく、アクセスは定期船「おがさわら丸」のみ。父島の二見港までは丸1日の船旅になる。運航本数はおおよそ週に1便。夏場などの繁忙期は週2便。通常予約は出発日の2カ月前から。繁忙期は予約開始の特定日が設けられ、一斉予約となる。小笠原海運(東京)、東海汽船の竹芝支店、旅行代理店でも購入可能。同船の運航スケジュールは曜日が決まっていないため、時刻表を確認してから旅程を立てたい。

おすすめの季節はいつ?

春から夏にかけてが過ごしやすい

最高気温の平均は年間を通して20℃を下回らず温暖。9〜10月は台風が接近しやすい。南島は植生回復のため、11月上旬〜2月上旬まで上陸が禁止されている。1月1日は日本一早い海開き。
ムニンヒメツバキ▶5〜7月　島レモン▶8〜10月
ザトウクジラ▶1〜4月　アオウミガメ▶3〜9月

コーヒー豆 ●コーヒーまめ

明治時代にコーヒー栽培を試みたのが始まり。年間200kgしか採れない希少な純国産コーヒーが楽しめる。花は3〜5月、収穫は9〜12月。野瀬農園ではコーヒーツアーを開催。

写真提供:小笠原村観光局

東京
07

亜熱帯の風が吹く密林に覆われた島

母島 ●ははじま

父島からさらに南へ船で約2時間
手つかずの森と美しい海が待つ

　大小30余りもある小笠原諸島で、民間人が暮らしているのは、主島の父島とこの母島のみ。島のほとんどは亜熱帯の密林に覆われている。戦時中には日本の防衛の要地として要塞化され、今も多くの戦争遺跡が緑のなかに残る。戦前までは南北に1つずつ村があったが、捕鯨で賑わった北村は廃村となり、現在は港近くの沖村のみとなった。

　集落を外れると、起伏に富む緑のジャングルが広がり、雄大な大自然を目にすることができる。北東部の石門コースは、3〜9月のみ入山可能(東京都認定の自然ガイドの同行が必須)で、樹高約20mの湿性高木林が茂る小笠原諸島でも希少な手付かずの森を楽しめる。集落からアクセスの良い乳房山は、母島の最高峰463m。標高が高いからこそ出会える固有種に出会え、南部の南崎ルートでは、岬と白沢、海を見晴らす絶景が待っている。

特集　世界自然遺産の島へ　母島

都道最南端より遊歩道を約1時間歩くと小富士の頂上へたどり着ける。眼下に広がる島々の眺望は格別
写真提供/小笠原村観光局

41

島のキホン

東京都小笠原村
面積 約20km² **周囲** 約58km
人口 約460人（令和3年6月）
最高地点 463m（乳房山）
問い合わせ先 小笠原母島観光協会
📞04998-3-2300

島への行き方

二見港 → 定期船で約2時間 → **沖港**

母島までの直行便はないため、父島で定期船「は
はじま丸」に乗り継ぐ（竹芝桟橋から父島まで「おが
さわら丸」で約24時間）。父島の二見港からおが
さわら丸の入港日に合わせ、「ははじま丸」が週に
5便程度運航。島内にバスは走っておらず、レンタ
カーやレンタルバイク、予約制の乗り合いタクシー
（有料）での移動が必要。

おすすめの季節はいつ？

常夏ではないが温暖な気候

1〜2月は平均気温が20℃を下回るので、防寒対
策は忘れずに。夏は気温も湿度も高いため、速乾
性のある衣類を用意したい。母島の固有種が見ら
れる石門カルスト台地は、アカガシラカラスバトの繁
殖期である10〜2月は入林が禁止されている。
ザトウクジラ ▶ 12〜5月頃
パッションフルーツ ▶ 4〜7月

石次郎海岸 ●いしじろうかいがん

都道から遊歩道で浜に下りられる海岸。小
さな浜辺はプライベートビーチのよう。

父島二見港
乾崎 北岬
小笠原村
臥牛角
高角砲跡 石門崎
石門カルスト台地 **母島**
堺ヶ岳
大崩湾
堺崎 乳房山
乳房山登山道 東崎
ロース記念館 東崎湾
石次郎海岸
旧ヘリポート
N 0 2km 沖港 中岬
蓬莱根海岸 小富士
南崎 鰹島
大瀬戸
向島 丸島

世界遺産
登録地域

小笠原ラム酒 ●おがさわらラムしゅ

小笠原は亜熱帯の気候を利用して、
ラム酒の原料となるサトウキビを栽
培していた歴史があり、村おこしの
一環として小笠原ラム・リキュール
（株）が設立された。

乳房山登山道
●ちぶさやまとざんどう
頂上から見る東側の展
望は美しく、晴れた日
には父島が展望できる。
遊歩道では母島列島に
しか生息していない特
別天然記念物の鳥、ハ
ハジマメグロを間近で
見られることもある。

ワンポイント 母島にはお弁当を販売している店が少ないので、昼のごはんはレストランや宿に頼んで作ってもらおう。

石門カルスト台地
●せきもんカルストだいち

石灰岩で形成された隆起カルスト地形が広がる一帯。東京都自然ガイド同伴が義務づけられており、事前の予約が必要。

蓬莱根海岸　●ほうらいねかいがん

潮の満ち引きにより織りなす表情豊かな白い砂浜。シュノーケルスポットとしても人気。

島での過ごし方
ネイチャーランドを満喫

1～2日目

竹芝桟橋から船を乗り継ぎ、合計約26時間で母島へ
「おがさわら丸」で約24時間、2日目のお昼前には父島着。「ははじま丸」に乗り換え、約2時間後には母島の沖港に到着。

3日目

日中＊小笠原で特に貴重なエリア・石門カルスト台地をトレッキング
トレッキング用装備を着用し、石門カルスト台地の密林の中を探検するツアーに参加。ガイドの説明を聞きながら、小笠原の固有種に出会える（3～9月のみ、所要約6～7時間）。

夜＊夜は360度の視界が開ける地で星空ウォッチング
トレッキング後はのんびりしたい。夕飯を食べたあとは旧ヘリポートで満天の星を観察。

4日目

午前＊海の絶景を楽しめる南崎・小富士へ
タコノキやビロウなど、亜熱帯特有の植物を楽しみながら86mの小富士に登頂。眼下にはテーブルサンゴが発達した南崎の絶景が待っている。（ガイドツアー所要時間約4～5時間）

午後＊島内の名所を車で巡る
半日のツアーに参加。夜は郷土料理の亀料理にトライ。

5～6日目

朝の便で父島へ向かう
10時台に出港する「ははじま丸」で父島へ戻り、港近辺の食堂でごはんを食べる。父島から竹芝桟橋までは1日がかりの長い航海となり、次の日夕方に到着。

世界自然遺産
「小笠原諸島」を知る

登録年 2011年　**面積** 7939ha

小笠原の特異な生態系を生み出しているのが、ほかの陸地と断絶した海洋島という環境。世界遺産の各島には、本土とは違う環境で独自の進化を遂げ、固有種となっているものも多い。昆虫や植物では今なお進む分化の過程が見られる。小笠原諸島の豊かで独特な自然の価値が認められ、2011年に世界自然遺産として登録された。

聟島列島

父島列島

母島列島

西之島

北硫黄島

南硫黄島

島固有の生き物たち

アカガシラカラスバト
小笠原諸島 各島

首と胸まわりが緑紫色の金属光沢を帯び、頭部が光沢のあるピンク色をしている中型のハト。絶滅危惧種で、生態についてはまだ不明点が多い

ハハジマメグロ
母島列島

有人島では母島のみに生息する固有種。メジロよりひとまわり大きく、目の周りの逆三角形の黒いクマドリが特徴。特別天然記念物で、絶滅危惧種

オガサワラオオコウモリ
小笠原諸島 各島

日本固有種で小笠原諸島に自然分布する唯一の哺乳類。一般に夜行性で、日中は単独または群れて樹林内の木にぶら下がり休息している

写真提供:小笠原村観光局

43

夏川りみさん(歌手)が語る故郷・石垣島(P.48)の魅力
島唄を歌い継いでいきたい

沖縄の文化や美しい風景を、音楽を通して発信する、歌手の夏川りみさん。
島での思い出や、身近な人たちとのつながり、そして、島唄への思いをうかがいました。
海の色、島の人の優しさ、大好きな母の味…など、故郷を愛する様子が伝わってきます。

時間があれば、帰りたくて仕方ない場所。それが「島」なんです

中学1年生で島を出て上京された夏川さんが、離れたからこそ知りえた島の魅力は何ですか?

　子どもの頃は歌手になりたくて、一日でも早く島を出たいって思っていました。でも、今は、まったく逆。コロナ禍前は、オフが1週間できたら、即、島に飛んで帰っていましたね。

　帰省すると、黙っていても島中に帰って来ていることが知れ渡っていて、友だちが集まってくれて自然と宴が始まります(笑)。公設市場で買い物中も、店のおじいやおばぁが声をかけてくれるんです。「この間、テレビ出てたねー。あんたがテレビに出ると、みんな手を止めてテレビ観るさー」って。テレビに出ることが少ない時期だと「最近、テレビ出てないねー」って言われることもあって(笑)。島中で私の活動を見守っていてくださっていて……気持ちの温かさが島ならでは!本当にありがたいです。

　石垣島の景色で特に好きなのは、川平湾。観光客の多い場所からではなく、少し高台にあるお気に入りの場所から眺めるあのなんともいえない海の色は、何度見ても「島っていい所だなぁ」と感じます。島の北端にある平久保崎灯台から眺める海の色も好きです。雨の日は、みんさー工芸館もいいですね。私が紅白歌合戦で着たミンサー織の衣装も飾られていますよ。

🔽エメラルドグリーンの海がまぶしい川平湾は、日本百景のひとつ。外国人向けの旅行ガイドブックにも登場する

語り出したら止まらない!?
母の味もB級グルメも、美味の宝庫

子どもの頃から食べている、懐かしい「石垣島の味」といえば何ですか?

　やはり、母の作る八重山そばですね。母が石垣島で「そばどころ ニライカナイ」を営んでいるので、帰省のたびに必ず食べます。八重山そばって麺自体に甘みがあるんです。各家、各店によって出汁も違うんですよ。コロナ禍で島に帰れないから、出汁のレシピを聞こうと母に電話をしたら寂しそうに言われたんです。「あんた何しようとしてるの?そばの出汁がいるなら送ってあげるのに」って。だから、今は甘えて送ってもらっています。息子も母のそばが大好きで「おばあちゃんのそばが食べたい!」ってよく言うんですよ。

　そうそう。呑んだあとに行くスナック「語れ小(ぐゎ)ー」の手羽先も絶品!山盛り出てくるんです。手羽先が出てくる前にマグロの刺身も出てきたりして。店のママがどんどん出してくれるんですよ。お腹いっぱいでもおいしいから、つい食べちゃいますね。

石垣島から東京に戻る際、「これだけは買って」という必須アイテムなどはありますか?

　「知念商会」のオニササです!空港に行く前に必ず買います。ビニール袋に自分でおにぎりを入れて、その上にササミカツやポークなど、好みの具材をのせて、自分好みの形に握りながら食べるんですよ。私は、のりたまおにぎり×ササミカツの組み合わせが一番好きですね。ちなみに"オニギリ"と"ササミカツ"を略して"オニササ"なんです。夫も小学生の息子も大好物で、1人3種類ずつ買って、まず機内で1つ食べ、東京に着いてからまた1つ食べ(笑)。東京でもオニササが食べられるようにならないかなぁ。

●なつかわりみ
夏川りみさん
沖縄県石垣島出身の歌手。代表曲である『涙そうそう』をはじめ、島唄や島を感じる楽曲多数。近年は、台湾での活動も精力的に行っている。のびやかで深みがあり情景が浮かぶような歌声は、国内に留まらず、TikTokなどで海外の人々の心をも震えさせている。2021年3月、家族をテーマにしたカヴァーアルバム『あかり』を発売。

家族もマネージャーも!?
誰でもイチャリバチョーデー!

旦那さまや息子さんにとって、夏川さんの
生まれ育った石垣島は、どんな存在ですか?

　夫は東京の生まれ育ちなので、以前から「島の人は故郷があっていいなぁ。故郷があるってうらやましい」って言っていました。でも、結婚してからは、夫にとっても石垣島が第二の故郷になっていますね。息子も「石垣島に行きたい」じゃなくて「島に帰りたい!」って言うくらい石垣島が大好きなんですよ。島に帰るときは、必ず家族3人で一緒に帰ります。忙しくても夫と仕事のスケジュールを調整して。コロナ禍前は2~3カ月に1回は帰ってましたね。子育ては島でしたくて、一時期、住所を移したこともあったんです。やっぱり、島の自然や島の人のなかで、いろんなことを見て感じてほしいなって思って。

マネージャーさんも島好きだとか。島好き同士、
仕事もよりいっそう楽しそうですね?

　そうなんです!マネージャーは『SHIMADAS(シマダス)』っていう日本の島がすべて載っている辞書みたいな分厚い本も持っているほど。ふたりして島が好きだから、石垣島での仕事が入りそうになると、ついつい優先したくなってしまったり、無理してでも入れたり(笑)。島から仕事の声をかけてもらったら、ふたりとも喜んで行きます!

　石垣島での仕事のときは、私は空港から母がやってる店に直行するんですが、マネージャーも一緒に直行することもあります。実家の家族も「いらっしゃい」じゃなくて「おかえり」って言ってマネージャーのことを迎えるんです。もう、ほぼ家族状態。そんなイチャリバチョーデー(沖縄方言で「一度会えば皆兄弟」の意味)なところも島ならではですね。

島の古謡を
歌い継ぎ残していきたい

沖縄方言の歌を作詞したり、島唄を歌う際、
思い浮かべる景色はありますか?

　たとえば、有名な島唄のひとつ『安里屋ユンタ』を歌うときは、歌の舞台である竹富島(P.200)を牛車がゆっくりとまわりながら三線の音が流れる風景や、歌の主役である絶世の美女クヤマの島内にある生家を思い浮かべながら歌います。

　でも、最初は、島唄を自分が歌う勇気がなかったんですよ。島の人は島唄を聴いて育っているから耳が肥えているし、島のその辺のおじぃやおばぁが、めちゃくちゃ上手に歌うんです。だから、私が歌う島唄なんて、まだまだだって思っていて。でも、ある時、石垣島でのコンサートで思いきって島唄を歌ってみたんです。そうしたら、島のおじぃとおばぁからも拍手をもらえて!それからですね。島唄を、沖縄の古謡をもっと歌いたいなと思うようになったのは。三線も長年習い続けています。

　いつか沖縄の島唄だけのアルバムを作ってみたいって思っているんです。島唄は歌い継いでいかないと残らないから。そして、いつか「りみの歌う島唄は、いいよねー」と、島の人たちから褒めてもらえるようになれたらうれしいですね。もちろん、島外の人たちにも。私が歌う島唄を聴いて、それぞれの故郷を思ってもらえたらいいなと思います。

➱オニササ。のりたまの甘みとササミカツのハーモニーが、なんだか懐かしい味わい。焼いたポークをのせるのも人気だ

小島よしおさん（お笑い芸人）の久米島（P.64）での楽しみ方
島のイベントにどんどん参加したい

お笑い芸人の小島よしおさんは、ライブなどで元気な子どもたちと一緒に楽しむ姿が印象的。
幼い頃から、そして大人になった今でも、島ではアクティブに過ごしているようです。
お仕事やプライベートで訪れた沖縄以外の島々にまつわるエピソードも教えてくれました。

今も昔も変わらない原風景が広がる
思い出いっぱいの久米島

*小島さんのお母さんの故郷が久米島とのこと。
小さい頃から島へはよく行っていましたか？*

小学校高学年までは、毎年夏休みに2〜3週間、久米島の祖父母の家で過ごしました。家から歩いて2〜3分のところに海があって、祖父がいつも網を仕掛けて魚を獲ってくるんです。いろんな魚がごっそり入ってきて、カニなんかもいましたね。自分で釣ったグルクンは唐揚げにしてもらって食べたりもしました。サトウキビ畑の手伝いや、親戚が営んでいるレストランでお手伝いもしていましたよ。お箸を出したりという簡単なものでしたけれど（笑）。

高校3年生の時は、野球部メンバーとの卒業旅行で、なぜか千葉から久米島に行くことになって。3月で、沖縄といえどもまだ寒いなか、みんな服を着たまま、唇が紫色になるまで海で泳いだり、親戚のレストランの広間で雑魚寝したり、懐かしいです。自分の生まれた島に仲間が来てくれてうれしいと同時に、ちょっと誇らしい気持ちもありましたね。

そして、驚くことに、今の島の景色って当時からほとんど変わっていないんですよ。かれこれ20年以上経つのに。サトウキビ畑は相変わらずサトウキビ畑のままで。子どもの頃は、自然は豊かだけどレジャー的なものは何もない島だと思っていたのですが、歳を重ねるごとに、変わらない景色がずっとそこにあること自体がいいなと思うようになりました。

今は、うちの母ちゃんが久米島で「O²(オオ)・ハッピー」というレストランを経営していることもあり、年に1〜2回は久米島へ行きます。ちなみに、母ちゃんの店のメニューは、どれもこれも4番バッター級のボリューム！コスパ最強だけど、料理が出てくるまでにちょっと時間がかかります。島時間だと思って気長に待っていただけたらと（笑）。

イチオシは「脱皮エビ」!?
久米島でしか味わえないものがある

*島のおすすめスポットや、これだけは絶対に
食べてほしい「島ごはん」は何ですか？*

やはり「ハテの浜」は外せません！360度見渡せる白い砂浜だけでできた小さな3つの無人島なんです。ほんとうにきれいで、ボーッと眺めているだけでも最高です。「イーフビーチ」での乗馬体験もおすすめ。日本在来馬である与那国馬に乗って海辺を散歩できるなんて貴重です。不思議スポットの「おばけ坂」へは、ボールなどの丸い物を持参して行ってほしい。そこでボールを転がすと、下り坂に見えるのに実は上り坂で、ボールが自分の方へ戻って来るんです。それから、久米島は朝がとてもゆっくり。魚の競りも10時スタートなんですよ。見学ができるかも。

食べてほしいのは「脱皮エビ」！久米島は車エビ養殖も盛んで、500匹に1匹の割合で脱皮したばかりの車エビが獲れるんです。素揚げにすると、頭から尾までめちゃくちゃやわらかい！翌日には皮が硬くなるから、島外にはほぼ流通しません。うちの母ちゃんの店でも、入荷したら食べられます。

「やん小（ぐゎ）〜」の"ピリ辛味噌もやしそば"も、ぜひ！沖縄そばでは珍しい味噌味。久米島産の味噌が使われています。もやしは、島内のもやし農家さんが育てたものです。おみやげには「元祖みそクッキー」ですね。これも久米島産の味噌入り。卵と牛乳不使用で、ほろほろサクサク。洋風な味わいでおいしいんです。

➲メーヌ浜、ナカノ浜、ハティヌ浜を合わせて「ハテの浜」と呼ぶ。エメラルドグリーンの海に囲まれ、まるで天国のよう

©OCVB

●こじまよしお
小島よしおさん

沖縄県久米島生まれ、千葉県育ちのお笑い芸人
&YouTuber。海パン一丁姿がトレードマーク。
近年は子ども向けお笑いライブをメインに活動。
子どもたちから絶大な人気を誇る。YouTubeチャンネル「小島よしおのおっぱっぴー小学校」は
登録者数11万人強。体を動かすことが大好き。
でも、実は水泳がちょっと苦手という親近感が
湧く一面も。

サイクリングもトレッキングも
島ごはんも! 日本の島々を超堪能!

沖縄には47の有人島がありますが、久米島以外
で印象深かった沖縄の島はありますか?

　久米島よりも沖縄本島に近い阿嘉島! 何がいいっ
て、ウミガメが見られるんですよ! シュノーケリン
グで浜辺から50mもしないところで。しかも、人
を見ても逃げないから、ずっと眺めていられる。陸
には野生のケラマジカがいて、こちらも近づいても
逃げない。自然と動物の世界をとても身近に感じら
れる島かと思います。

今まで訪れた沖縄以外の島で、また行きたい島、
これから訪れてみたい島を教えてください

　以前、ロケで訪れた八丈島(P.118)には、また、
行きたいです。居酒屋「梁山泊」で食べたアシタバ天
ぷらや島ずし、それに島焼酎の"情け嶋"がおいし
かったなぁ。タコがおいしい愛知県の日間賀島もい
いですね。名古屋市内から日帰りできる距離でもあ
りますし、あと、ぷりっぷりのわかめしゃぶしゃぶ
を食べた三重県の答志島も! 湯に浸けた瞬間、わか
めが鮮やかな緑色になるんです。
　プライベートでは、サイクリストでもあるので、
多島美の瀬戸内海を見ながら走るしまなみ海道
(P.126)も好きです。島と島を結ぶ橋を渡る際、橋
の入口までの超急坂がたまりませんね!
　これから行ってみたいのは、小笠原諸島(P.36)。
船でしか行けなくて24時間もかかるなんて、すご
いですよね。小豆島(P.214)も自転車で走ると地域
ごとに香りが違うと聞きます。醤油の香りがするエ
リアとか、走ってみたいですね。雨が多いと聞く屋
久島(P.30)にも行きたいな。体を動かすことが好き
なので、トレッキングにも興味があります。

久米島は、都会の生活に疲れた人が
ゆったりと羽根を休めるやさしい場所

久米島観光大使でもある小島さん。
今後、久米島にはどう関わっていきますか?

　久米島に移住して来た人たちから「都会に疲れて、
ゆったり生きたくて久米島に来た」という言葉を聞
きます。きっと、久米島は、疲れた人が羽根を休め
るような場所なんじゃないかなと感じています。久
米島は、島の人も優しいですね。そして、そんな
心安らぐ久米島に旅行者の方々も少しでも多く訪れ
てくれたらと。だから、僕は久米島の良さをどんど
んメディアなどで伝えていきたいです。
　そして、いつか、自分が企画する久米島ツアーも
やりたいですね。久米島に100坪ほどの土地を購入
したのですが、そこに宿泊施設やお笑いのライブハ
ウスなどを作って、ツアーのお客さんに利用しても
らったり。まだ、ほとんど白紙状態ですけど(笑)。久
米島と東京を行き来する二拠点生活が理想です。
　最近、マラソンもやっているんですが、全国の各
島で開催されているマラソン大会にも参加してみた
いですね。大会当日、走る時間帯の前後に子ども向
けライブをやるというセットで巡りたいです。そう
すると、また新たな芸人としての自分も見えてくる
んじゃないかと。久米島にも「久米島マラソン大会」
があるので、まずは、それからチャレンジですね!

↪ 1989年から行わ
れている久米島マラソ
ン。走り終わったあと
の「ふれあいパーティ
ー」では、なんと、泡
盛が飲み放題だとか!

白い砂浜とエメラルドグリーンの海が美しい

石垣島 ●いしがきじま

世界中からダイビングに訪れる
透明度が高い海が魅力

　一年を通して過ごしやすい南国特有の温暖な気候と美しいサンゴの海、国内外問わず多くの人が訪れる石垣島。自然の豊かさ美しさも格別で、神秘的な鍾乳洞、マングローブ林など挙げればキリがない。また、国立の天文台が造られるほど夜空の美しい島としても知られている。食も魅力的で、2000年の沖縄サミットで提供されたことで注目を集めた石垣牛やジューシーで芳醇な香りと甘みが特徴の石垣島産パイナップル、旨みとミネラルが豊富な塩、獲りたてをさばいて食す新鮮なメジマグロなど、ブランド食材が豊富に揃う。おしゃれなカフェや郷土料理が食べられる素朴な食堂、隠れ家レストランなど、質の高い食事処で石垣の味覚を堪能しよう。

グラデーション・ブルーの孤独

石垣島

沖縄を代表する景勝地である川平湾（かびらわん）。エメラルドグリーンの海と白い砂浜のコントラストが美しい。流れが強く、遊泳は全面で禁止されている

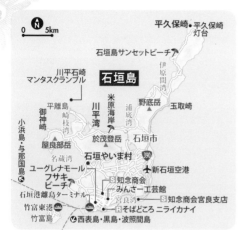

石垣島

平久保崎 ●平久保崎灯台
石垣島サンセットビーチ
伊原間湾
川平石崎
マンタスクランブル
平離島
御神崎
川平湾
崎枝湾
屋良部岳
名蔵湾
ユーグレナモール
フサキ
ビーチ
石垣港離島ターミナル
竹富東港
竹富島
西表島・黒島・波照間島
小浜島・与那国島
米原海岸
浦底湾
野底岳
玉取崎
野底岳
於茂登岳
石垣市
石垣やいま村
新石垣空港
知念商会
みんさー工芸館
宮良湾
知念商会宮良支店
そばどころ ニライカナイ

島のキホン

沖縄県石垣市
面積 約222km²　周囲 約183km　人口 約4万8000人(令和3年6月)　最高地点 526m(於茂登岳)
問い合わせ先
石垣市観光交流協会　0980-82-2809

島への行き方

那覇空港 ─ 飛行機で約50分 → 石垣島

玄関口は新石垣空港。那覇・石垣間は複数のキャリアが運航し1日18便と充実。羽田空港、関西国際空港、中部国際空港、福岡空港と、全国主要都市からも定期便が運航し、宮古島からも空路でアクセス可能。また、竹富島など八重山諸島への起点でもあり、石垣離島ターミナルから各島へ高速船が運航。島内の移動はアップダウンがあるのでレンタカーやレンタバイクが基本。バスの1日フリーパスや周遊バスを利用してもよい。

おすすめの季節はいつ?

マリンアクティビティは一年中可能
サマーシーズンは天気や日差しに注意しよう
一年を通して温暖な気候なので、冬でもマリンアクティビティを楽しむことができる。ただし5～6月は梅雨、7～10月には台風が来ることがあるので気象情報をチェックしておきたい。真夏に訪れる際には、特に日焼け対策を忘れずに。ハイビスカスをはじめとする南国の花は一年中美しい姿を見せてくれる。
パパイヤ▶7～9月　ビーチパイン▶4～6月

平久保崎 ●ひらくぼさき

石垣島の最北端に位置する。灯台と眼前に広がる海の景色が素晴らしい。島がサンゴ礁に囲まれた様子を確認することができる。夕日の名所としても知られる。写真右下が平久保崎灯台。

フサキビーチ

「フサキビーチリゾート」に隣接した天然のロングビーチ。宿泊客でなくても利用可能で、夕暮れどきにはサンセットビューも楽しめる。

石垣やいま村 ●いしがきやいまむら

八重山の家並みを再現。国の登録有形文化財に登録された赤瓦の古民家から三線の音色が響く。

マングローブ

天然のマングローブを見ることができる。場所によってはカヌーやSUPなどのアクティビティも行っている。

©沖縄観光コンベンションビューロー

グラデーション・ブルーの孤独

石垣島

八重山そば ●やえやまそば

沖縄そばの一種である八重山そば。八重山かまぼこと細切りにした三枚肉をトッピング。

ダイビング

透明度も高く、美しいサンゴ礁が分布する石垣島の海。おすすめのポイントは「川平石崎マンタスクランブル」。ハイシーズンには一度に6～7枚ものマンタに出会えることもあるという。

島での過ごし方
南国の絶景と食を堪能する

1日目

午前＊石垣島に到着
午前便の飛行機で石垣島に到着。レンタカーを借りて、石垣やいま村へ向かう。ランチには八重山そばを。

午後＊島内をドライブしよう
レンタカーで川平湾、米原海岸、玉取崎、平久保崎などを巡る。エメラルドグリーンの海が目にまぶしい。

2日目

日中＊マリンアクティビティを満喫
体験ダイビングやシュノーケリングに挑戦。サンゴ礁や熱帯魚を目の前で見ることができる。シュノーケリングではウミガメやマンタに出会えることも。

夜＊石垣牛を食べに行こう
たっぷり遊んだあとは、ディナーに石垣牛のステーキや焼肉を。人気のお店は予約が必須だ。

3日目

午前＊おみやげを購入しよう
100店舗以上が軒を連ねるユーグレナモールで買い物。アーケードになっているので雨が降っても安心だ。

午後＊石垣島を出発
新石垣空港から帰路につく。もう1泊できる場合は離島へ足をのばすのもおすすめだ。

鹿児島
09

大潮の千潮時にのみ姿を現す幻の百合ヶ浜へ

与論島 ●よろんとう

　周囲約24kmの小さな島だが、ミステリアスな絶景の宝庫。波風の穏やかな日にはボートがまるで宙に浮かんでいるように見える透明度の高い海、砂が真っ白で水が澄んでいることからハワイのカネオヘ湾よりも美しいといわれるサンドバーの百合ヶ浜などの絶景が楽しめる。変化に富んだ海底風景が楽しめるダイビングをはじめ、ジェットスキー、SUP、ウインドサーフィンと海のアクティビティも盛ん。また、与論島は行政的には鹿児島県だが、沖縄本島の北の沖約23kmの場所にあり、文化、暮らしは琉球圏。沖縄グルメも満喫できる。

グラデーション・ブルーの孤独

与論島

与論島を代表する人気スポットの百合ヶ浜。360度見渡す限り透き通った海が広がる

53

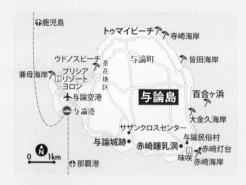

↑鹿児島

トゥマイビーチ　→寺崎海岸

ウドノスビーチ
兼母海岸
ブリシア
リゾート
ヨロン
茶花地区
与論町
皆田海岸

与論島

↑与論空港
⚓与論港

百合ヶ浜
大金久海岸
サザンクロスセンター
与論城跡
赤崎鍾乳洞
味咲
与論民俗村
R
→赤崎灯台
→赤崎海岸

N
0　1km

↓那覇港

島への行き方

那覇港	フェリーで約4時間50分	→ **与論島**
那覇空港	飛行機で約40分	

与論島へは主に飛行機で、鹿児島か沖縄経由。鹿児島空港からはJAL、那覇空港からはRACがそれぞれ1日1便運航。鹿児島空港からは所要約1時間20分。フェリーは複数会社が運航しており、沖縄の本部港からは所要約2時間30分。与論島内では北回りと南回りに周回する路線バスが各1日4便あり、タクシーやレンタカー、レンタサイクルも利用できる。

おすすめの季節はいつ?

泳げる4〜10月のうち、4〜8月がおすすめ
百合ヶ浜出現日を要チェック

年間平均気温は22.9℃と温暖な亜熱帯気候で、海で泳げるのは4〜10月頃。沖縄に比べると台風の直撃は少なく、夏場は晴れの日が続くが、スコールには注意。名所である「百合ヶ浜」の出現予想日は観光協会HPで確認できるが、天候や海況により異なることもある。
梅雨 ▶ 5月下旬〜6月下旬　　台風 ▶ 7〜9月

島のキホン

鹿児島県大島郡与論町
面積 約21㎢　**周囲** 約24km
人口 約4900人(令和3年6月)　**最高地点** 97m
問い合わせ先
ヨロン島観光協会　📞0997-97-5151

トゥマイビーチ

粉のようにさらさらな砂浜が特徴。与論島が舞台の映画『めがね』の中心となった寺崎海岸とトゥマイビーチは中心市街から離れているため、のんびり過ごすのに最適。レンタサイクルもおすすめ。

島での過ごし方
のんびり過ごす癒やしの島めぐり

1日目
午前＊ドライブで島を探索
レンタカーで美しい海岸や展望スポットを巡る。途中、気になるお店を見つけたら食事休憩をとろう。
午後＊オプショナルツアーなどで島を満喫
各地で催されているオプショナルツアーに参加するのもおすすめ。宿の人に相談してみるのもよい。夕食時、地酒「島有泉」で与論献奉を体験。

2日目
午前＊グラスボートに乗って百合ヶ浜へ
グラスボートからはウミガメが見られることもある。百合ヶ浜に着いたら、水遊びや写真撮影を楽しむ。
午後＊世界有数の美しい海でダイビング
ウミガメなどに出会えるほか、海中宮殿や沈船など、ダイビングスポットも満載。事前にダイビングツアーを予約しておこう。

3日目
午前＊空港近くの島の中心街へ
茶花市街でおみやげを買おう。そこから徒歩圏内にあるウドノスビーチで最後にのんびりするのもよい。
午後＊お昼頃の飛行機で離島
レンタカーを返却し、飛行機で沖縄へ。

味咲のかき氷 ●みさきのかきごおり
味咲という食事処にあるかき氷は、ふわふわな氷と独特なネーミングセンスで観光客をほっこりさせる。人気メニューの「きむらのアホ」は黒蜜・きな粉・ミルクのやさしい味わい。

赤崎鍾乳洞 ●あかさきしょうにゅうどう
長い年月をかけてつくり上げられた鍾乳洞。洞内には見どころがたくさん。

ようこそ与論島へ
定食屋、カフェ、居酒屋、レストランなどさまざまなタイプの飲食店で島の食材を使った料理を楽しむことができます。夜は満天の星をゆっくり眺めるのもよし！
●ヨロンパナウル王国 王子 かりゆし君

ダイビング
与論島では島の北側と南側とで海中の風景が異なる。

与論城跡 ●よろんじょうあと
見晴らしの良い高台にあり、島を見渡せるビュースポット。城跡は石垣のみ残る。

グラデーション・ブルーの孤独

与論島

✏ **ワンポイント** 民宿はウドノスビーチに近い茶花地区をはじめ島内に点在。リゾートホテルはギリシャ風の「プリシアリゾート ヨロン」が有名。

沖縄 10

大小20余りの島からなるダイバーの聖地

慶良間諸島 ●けらましょとう

ケラマブルーの海を目当てに
世界中からダイバーが集まる

沖縄本島から西に40kmほどの海域に浮かぶ慶良間諸島。渡嘉敷島、座間味島、阿嘉島、慶留間島、屋嘉比島など大小約20の島々からなる。長い年月をかけて海底に堆積した白いサンゴの色を映した、深く、澄んだ海の色はケラマブルーと称されるほど美しい。海の美しさに加え、ザトウクジラの繁殖地であること、多種多様なサンゴが群生していること、泳いで島を渡るケラマジカなど豊かな生態系を有することなどから、2014年には国立公園にも指定された。

ブルーの陽光が差し込む海中洞窟や一面のテーブルサンゴなどダイナミックで変化に富んだ海底風景が広がり、ウミガメやマンタにも出会えるなど、世界中のダイバーたちから憧れのエリアとして評価されている。

透明度の高い海と魚
の豊富さからシュノー
ケリングに絶好のスポ
ットとなっている座間
味島の古座間味（ふる
ざまみ）ビーチ

ようこそ慶良間諸島へ
ダイビング、シュノーケルなどのマリンア
クティビティはもちろん、各展望台からは
美しい景色を眺めることもできます。夜に
は満天の星が広がり、昼間とはひと味違
う雰囲気も魅力です。
●マリリン（映画「マリリンに逢いたい」より）

グラデーション・ブルーの孤独

慶良間諸島

広く分布するデ
バスズメダイは
光の反射によ
って体の色が
変化する

日本有数の美
しい海を持つ
自然豊かな離
島群

阿波連ビーチ
●あはれんビーチ

渡嘉敷島の南西に位置する、約800mのビーチ。美しい弧を描き、沖合にハナリ島が見える。

ホエールウォッチング

毎年、冬から春先にかけて座間味島の近海に、ザトウクジラが繁殖のために訪れる。間近で群れをなして泳ぐ姿やジャンプする姿を見られることも。

ダイビング

有名なダイビングスポットが多い沖縄のなかでも、慶良間諸島の海の美しさは群を抜く。数10m先まで見渡せるほどの透明度による、太陽光が白い砂に反射し海中で輝く光景はこの海ならでは。

ワンポイント　渡嘉敷島、座間味島にはビーチを望む南国ならではの開放的なホテルやヴィラ、民宿があり、自分好みのステイを楽しめる。

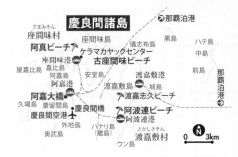

慶良間諸島

座間味村
阿真ビーチ
ざまみそん
座間味島
ケラマカヤックセンター
古座間味ビーチ
座間味港
屋嘉比島　嘉比島
阿嘉島　安室島
阿嘉港
阿嘉大橋
久場島
慶留間島
慶良間空港
外地島
ハナリ島
（離島）
奥武島
慶志布島　黒島
渡嘉敷港
渡嘉敷島　城島
渡嘉志久ビーチ
阿波連ビーチ
阿波連港
とかしきそん
渡嘉敷村
ウン島
ハテ島
中島
前島
那覇泊港 ➡
那覇泊港
0　　3km
N

島のキホン

沖縄県島尻郡渡嘉敷村、座間味村
面積 渡嘉敷島約15k㎡、座間味島6.70k㎡、阿嘉島3.80k㎡
周囲 渡嘉敷島約20km、座間味島約23km、阿嘉島約12km
人口 渡嘉敷村（渡嘉敷島、前島など）約760人、座間味村（座間味島、阿嘉島、慶留間島など）約910人（令和3年6月）
最高地点 渡嘉敷島227m、座間味島161m（大岳）、阿嘉島187m（大岳）
問い合わせ先
渡嘉敷村役場観光産業課　☎098-987-2333
座間味村役場船舶・観光課　☎098-987-2614

島への行き方

那覇泊港	高速船で約40分	渡嘉敷島
	高速船で約50分	座間味島

那覇空港から車で約20分、那覇泊港から本島と周辺の離島を結ぶ定期船が発着している。フェリーは渡嘉敷島へ約1時間10分、1日1便運航、座間味島へ所要約2時間、1日1便運航。高速船はそれぞれ1日2〜3便運航している。夏季は混むので要予約。フェリーと高速船は乗り場が異なるので注意。船の行き先の確認も忘れずに。ほかにマリンショップなどの那覇市内発のツアーを利用しても、慶良間の海が楽しめる。

おすすめの季節はいつ?

アクティビティを楽しみたいなら、4〜9月がおすすめ
夏は海水浴、冬はクジラ観賞ができる

美しい海の楽園を満喫したいなら、もちろん夏がベストシーズン。海水浴をはじめ、スキューバダイビングやシュノーケル、シーカヤックなどのマリンアクティビティを満喫しよう。座間味島では、冬から春に繁殖のためにやってくるザトウクジラに出会えるツアーがあり、こちらもおすすめ。

ビーチ ▶ 通年　ホエールウォッチング ▶ 12月下旬〜4月上旬

阿嘉大橋 ●あかおおはし

阿嘉島と慶留間島を結ぶ橋。橋の上から魚やウミガメが泳ぐ姿が見られることも。慶良間諸島の島々が見渡せる屈指の絶景ポイント。

阿真ビーチ ●あまビーチ

座間味港から徒歩圏内にあるビーチ。遠浅で穏やかな海と白い砂浜で、地元住民にも人気。キャンプ場が隣接している。

島での過ごし方
慶良間諸島の海を満喫

1日目
午前＊那覇から渡嘉敷島へ
約1時間10分の船旅を楽しみ、島に降り立てば、真っ青な海がお出迎え。新鮮な海産物で腹ごしらえ。
午後＊体験ダイビング
ケラマブルーの海で体験ダイビング。カラフルな魚と一緒にどこまでも透明な海を泳ぐ。

2日目
午前＊渡嘉敷島から座間味島へ
渡嘉敷島と座間味島を結ぶケラマ航路の船に乗船する場合は前日までの予約が必要なので要注意。約35分で到着。
午後＊ビーチでシュノーケル
人気の古座間味ビーチはシュノーケルに最適。カラフルな熱帯魚に出会える。思いっきり遊んだら、リゾートホテルで優雅なステイを。

3日目
午前＊シーカヤックで島巡り
阿真ビーチを出発し、無人島へ上陸。海を眺めてのランチ、浜辺でのんびりなど、思い思いの時間を過ごそう。
午後＊座間味島から那覇へ
午後もしくは夕方の定期船で那覇へ。便数は多くないので、事前に確認を。

沖縄
11

クリアなブルーの海に囲まれた楽園

宮古島 ●みやこじま

ドライブやアクティビティが魅力
サンゴ礁の海に囲まれた絶景の島

　宮古ブルーと呼ばれる青い海、美しさは東洋一ともいわれる真っ白な砂浜、サトウキビ畑やマンゴーの果樹園が広がるのどかな風景、島の酒造所で造られる泡盛や洞窟で熟成される古酒など、魅力は尽きない。さらに近年、施設の充実した大規模ホテルから隠れ家スタイルの高級ヴィラまでさまざまに揃ったリゾートが人気を集めており、宮古好きを公言する芸能人も多い。

　また、宮古島は周囲に浮かぶ池間島、来間島、伊良部島、下地島と橋でつながっており、ドライブするのもおすすめ。特に伊良部島との間、海上を渡る伊良部大橋は全長3540mと長く、ゆるやかに描くカーブ、フェリーの航路を確保するためのアーチなど、ルートが変化に富んでいて眺望も素晴らしい。

来間島と宮古島をつなぐ来間大橋。まるで海の上をドライブしているよう

約7kmにわたって続く白い砂浜とエメラルドグリーンの海が広がる与那覇前浜(よなはまえはま)。楽園と呼ぶにふさわしい美景

グラデーション・ブルーの孤独　宮古島

伊良部大橋 ●いらぶおおはし

宮古島の北西に浮かぶ伊良部島との間に架かる全長3540mの橋。通行料金を徴収しない橋としては日本最長で、カーブやアーチなどさまざまなポイントから眺望を楽しめる。

ようこそ宮古島へ

宮古島は見どころがいっぱい！ダイビングやシュノーケルなどのアクティビティはもちろん、リゾートホテルでのんびり過ごすのもおすすめ。夜は満天の星も楽しめます。
●宮古島まもるくん

東平安名崎 ●ひがしへんなざき

青い海と空と白い灯台のコントラストが絵になる風景。灯台からは広がる海や宮古島の全景が楽しめる。

イムギャーマリンガーデン

天然の入り江を利用して造られた海浜公園。海の透明度が高く、常に穏やかなビーチはファミリーにも人気。展望台からは東シナ海の絶景を望める。

ワンポイント　島内には、ビーチに面したホテルや広大な敷地に建つヴィラタイプの客室があるリゾートホテルなどが点在している。

池間島
池間大橋
西平安名崎

大神島
大神港

島尻港

0　　5km

伊良部島
下地島空港

下地島

平良港

宮古島

吉野海岸

東平安名崎

多良間島→

伊良部大橋
←

宮古空港

宮古島市

東シナ海

与那覇前浜

来間島　来間大橋

390

イムギャー
マリンガーデン

島のキホン

沖縄県宮古島市
面積 約159㎢　周囲 約134㎞　人口 約5万2000人(令和3年6月)　最高地点 113m(ナカオ嶺)
問い合わせ先 宮古島観光協会 ☎0980-73-1881
宮古島市役所観光商工部 観光商工課 ☎0980-73-2690

島への行き方

那覇空港 → 飛行機で約50分 → 宮古島

各地から宮古島へのアクセスは那覇を経由するのが便数も多く一般的。那覇空港から宮古島の玄関口、宮古空港までは1日14便運航。本土から宮古空港までの直行便は、東京・大阪・名古屋・福岡から運航している。羽田空港から宮古空港までは1日3便運航、約2時間50分。関西国際空港から宮古空港までは1日3便運航、約2時間20分。下地島空港から伊良部大橋を渡りアクセスすることも可能。

おすすめの季節はいつ?

夏と冬、どちらも魅力的な島
海水浴は5月中旬～9月がベスト

海水浴のベストシーズンは5月中旬～9月頃だが、11・12月でも20℃前後と暖かいので、一年を通して海水浴を楽しむことができる。南国の雰囲気を満喫したいなら夏に、穏やかな気候でのんびりと過ごしたいなら冬に訪ねてみるのがおすすめ。
海水浴▶5月中旬～9月

吉野海岸 ●よしのかいがん

波打ち際までサンゴ礁が広がっており、その間を種類豊富な魚が泳いでいる。浜辺から水面をのぞくだけでも多くの魚が観賞できる。

島での過ごし方
大自然でリフレッシュの旅

1日目

午前＊レンタカーで海に架かる橋をドライブ
遮るものがなく、どこまでも続く海を眺め、各島を結ぶ橋をドライブ。大パノラマの絶景が楽しめる。

午後＊海を望むカフェでひと休み
島の各所にオープンエアのカフェがある。ドライブの途中に立ち寄り、のんびりとした時間を過ごしたい。

2日目

午前＊真っ青な海中で体験ダイビング
宮古島周辺の海には多くのダイビングスポットがある。体験ダイビングなら、気軽に神秘の世界を楽しめる。

午後＊エネルギーを感じて、島を巡る
島内には、パワースポットが点在。琉球の時代に聖域とされていた御嶽(うたき)、ガーと呼ばれる雨が湧き水となって湧き出す井戸など、神秘的なスポットを巡る。

3日目

午前＊南国の花に囲まれ、スイーツを楽しむ
樹園や植物に囲まれた庭園カフェでは、カラフルな花を楽しみ、南国フルーツのスイーツがいただける。

午後＊島みやげを探して、ぶらり散歩
のんびりと島を歩き、おみやげ探しを楽しもう。サンゴや貝を使用したアクセサリーや、果物や島野菜を使ったお菓子など宮古島ならではの品を見つけたい。

島バナナ ●しまバナナ

仮茎と葉が細いバナナで、民家の周りで栽培されている。市場にはあまり出回らないので、ぜひ味わいたい。

青の世界が果てなく続く天然のビーチへ

久米島 ●くめじま

全長約7km、3つの砂州からなるハテの浜は久
米島から船で渡る。海と白い砂浜はまさに絶景

美しいサンゴ礁や魚に囲まれた海でダイビングなどアクティビティが楽しめる

©OCVB

琉球王国の面影を残す
琉球一美しい「球美の島」

『続日本紀』に登場する「球美の島」は久米島のことだとされる。「球美」とは琉球方言で米を意味し、豊かな水に恵まれたこの島で古来から稲作が盛んに行われていたことが推察される。のちの時代にも南海貿易の中継地として栄え、登武那覇城跡、上江洲家住宅などの史跡や、フクギ林、ウティダ石(太陽石)といった古い島の暮らしを想像させるものが残る。もちろん海の美しさは格別。東の沖合約5kmほどの場所にあるサンゴが堆積した砂州、ハテの浜はまるで天国のような絶景だ。

グラデーション・ブルーの孤独

久米島

島のキホン

沖縄県島尻郡久米島町
面積 約60㎢　**周囲** 約53km
人口 約7100人（令和3年6月）　**最高地点** 310m（宇江城岳）
問い合わせ先 久米島町観光協会　📞098-851-7973

島への行き方

那覇泊港	フェリー（直行便）で約3時間	
那覇空港	飛行機で約35分	久米島

那覇空港から久米島への飛行機は1日7便ほど、フェリーは1日2便ほど運航している（曜日により異なる）。島内の移動は路線バスやタクシーも利用できるが、自由に動きまわれるレンタカーがおすすめ。海沿いを時計回りに進むと観光名所をスムーズに移動できる。絶景スポットのハテの浜へはツアーボートで約30分。船でしか上陸できないので、事前予約が必要。

おすすめの季節はいつ?

どの時期も美しい久米島の海
マリンアクティビティの時期は5〜9月がベスト

年間を通して暖かく、いつ訪れても輝く海景色が広がる。ダイビングなどのアクティビティのほか、島内散策の見どころも多い。海水浴を楽しむなら5〜9月がベスト。ハテの浜へは船で移動するので、7〜9月の台風シーズンなど天候の確認をしておこう。日差しが強いので、帽子や日焼け止めクリーム、飲み物を忘れずに持参したい。

海水浴▶5〜9月　ホエールウォッチング▶12月下旬〜4月上旬

イーフビーチ

日本の渚百選に選ばれた長さ2kmの天然ビーチ。澄み渡る海は島内でも有数の美しさ。周辺には夏に大輪の花を咲かせるヒマワリ畑がある。

クメジマボタル

唯一久米島だけで見られるホタルで、沖縄県の天然記念物に指定。出現地が限られるため、久米島ホタル館では4月中旬〜5月上旬にホタルツアーを開催し、案内している。

五枝の松 ●ごえのまつ

国の天然記念物に指定された見事な松。5月上旬にはクメジマボタルの飛び交う姿が見られることも。

泡盛 ●あわもり

多種ある沖縄の泡盛のなかで、島の北側で製造されている「久米島の久米仙」。水は天然の湧水を使用し、麹やもろみ造りは昔から変わらず人の手で行う。島の飲食店で、泡盛の飲み比べも楽しみたい。

ようこそ久米島へ

ハテの浜をはじめ、イーフビーチ、アーラ浜は透明度の高い海が広がる絶景スポットです。夕日の美しいシンリ浜や色とりどりの魚が泳ぐ熱帯魚の家など、個性あふれる水辺の景色が集まっています！
●久米島町観光協会 古堅留美さん

熱帯魚の家 ●ねったいぎょのいえ

浅瀬の岩場にある潮溜まり。カラフルで多くの魚が見られるスポットとして人気。

島での過ごし方
きらめくビーチや自然の神秘に感動！

1日目

午前＊国指定の天然記念物
　　　五枝の松を観賞
枝が地面を這うように伸びる琉球松。樹高は約6m、最も長い枝は横に10m以上広がり、その力強さに圧倒される。
午後＊色鮮やかな
　　　熱帯魚が暮らすスポットへ
「熱帯魚の家」と呼ばれる海岸沿いの岩場では、海に入らなくても数多くの熱帯魚を見ることができる。

2日目

午前＊海岸に広がる
　　　自然の不思議を体感
陸続きになっている奥武島の畳石。自然の力だけで生まれた六角形の石が連なる。干潮時間に訪れたい。
午後＊ハテの浜の
　　　壮大な景色に感動
エメラルドグリーンの海と白い砂浜が、東洋一の美しさとも呼ばれる砂州。開放感あふれる浜辺に癒やされ、海水浴やシュノーケリングも楽しめる。

3日目

午前＊大パノラマを望む
　　　沖縄最高所の山城へ
島の歴史を刻む宇江城城跡（うえぐすくじょうあと）。美しい海や、久米島全体を見渡せるダイナミックな絶景が広がる。
午後＊海外リゾートのような
　　　イーフビーチで海水浴
長さ2kmの美しい砂浜が広がる。日本の渚百選にも選ばれ、海水浴やマリンスポーツを満喫できる。

✐ワンポイント　島内での宿泊は、イーフビーチ周辺のホテルや、昔ながらの飲食店が並ぶ「じんじんロード」の民宿が旅の拠点として便利。

サンゴ礁に包まれたブルーアイランド

水納島 ●みんなしま

透明度の高いエメラルドグリーンの海と、
白い砂浜が楽しめる

空から見下ろす島の形と
緑の木々がブルーの海に映える

　標高約12mの平らな隆起環礁で、その形から三日月島などの異名を持つ。水源に恵まれず台風や津波の害も激しかったため、明治23年(1890)に瀬底島からの移民が開拓するまでは無人島だったといわれる。今ではニンジンやスイカなどを栽培する農業や、畜産が行われるのどかで風光明媚な島だ。サンゴと貝殻が細かく砕かれてできたビーチの砂は驚くほど純白で、沖縄の観光ポスターなどの撮影地としても知られる。ダイビングやシュノーケル、パラセーリングなどのアクティビティも可能。

島での過ごし方
マリンレジャーで一日中遊び尽くす!

1日目
午前＊昼前に那覇空港に到着
事前に予約しておいたレンタカーを受け取り、那覇市街へ。まずは沖縄料理でお腹を満たす。
午後＊おいしいとこどりの那覇観光
世界遺産の首里城公園や那覇のメインストリートである国際通りなどを散策。夕方から夜に本部半島へ移動し、本部周辺のホテルへ。渡久地港から車で約5分の県道84号には、沖縄そばの名店が集中。夕方には閉まる店もあるので要確認。

2日目
午前＊高速船で水納島へ移動!
島に着いたら、受付カウンターでマリンメニューを申し込む。マリンアクティビティは事前予約もできる。早めにランチを済ませるのも◎。
午後＊ビーチで思い思いに過ごす
マリンアクティビティはもちろん、海岸で遊んだり、パラソルの下でのんびりしたり、ビーチを満喫。夕方の船で本島に戻る。

　ワンポイント　エメラルドグリーンの海に浮かぶサンゴ礁に囲まれた水納島は、上空から眺めると三日月型をしている。

空と海に包まれるパラセーリングではロマンティックな夕焼けにうっとり

```
        N        渡久地港
0   200m      水納ビーチ    水納港
              ⊗水納小・中
     本部町
   西の浜
   ビーチ              水納島
            水納島灯台
  カモメ岩のビーチ    灯台下のビーチ

  カモメ岩
```

島のキホン

沖縄県国頭郡本部町
面積 0.47km　**周囲** 4.6km
人口 21人（令和2年12月）　**最高地点** 27m
問い合わせ先 本部町観光協会　☎0980-47-3641

島への行き方

| 渡久地港 | 高速船で約15分 ➡ | 水納港 |

沖縄本島の渡久地港から高速船「ニューウイングみんなⅡ」を利用する。1日3往復（時期により異なる）。渡久地港までは那覇空港から車で所要約1時間45分。沖縄自動車道を利用し、許田ICで下りて沖縄美ら海水族館方面に走ると、手前に港がある。水納島内は徒歩でまわれる広さ。

おすすめの季節はいつ?

ビーチは4〜10月にオープン
本島からほど近くで一日中島時間を楽しめる

島のいちばんの楽しみは、海水浴など水納ビーチでのレジャー。遊泳期間は4〜10月なので、行くならこの時期。マリンスポーツの受付や売店の営業もこの期間に限定されていることが多い。フェリーは渡久地港始発が9:00、水納島発最終が17:00と、一日めいっぱい遊べるのもうれしい。

遊泳期間▶4〜10月

ようこそ水納島へ
水納島に点在するビーチでは、「本当の海の色」が体感でき、白い砂と海の輝きが訪れた人たちを満足させてくれます。誰かに伝えたくなる感動の景色が待っていますよ。
●本部町観光協会会長 當山清博さん

シュノーケル

遠浅の海は、沖縄本島周辺でも透明度の高さが自慢。カラフルなサンゴやクマノミなどの熱帯魚を目の前に観察できる。

バーベキュー

遊泳期間中毎日10:00〜17:00、ビーチでのバーベキューが楽しめる。1人1620円で、メニューは串焼とおにぎりなど。前日までに必ず予約を。（☎0980-47-5572または☎090-8669-4870）。

水納ビーチ ●みんなビーチ

船着場の水納港からすぐの場所にあるビーチ。絶景はもちろんダイビングスポットとして有名。

爽やかな空気と神秘の実久ブルーに満ちた島

加計呂麻島 ●かけろまじま

夕日の丘展望台からの絶景。コバルトブルーの海が広がる実久(さねく)ビーチやその奥に点在する無人島を望む

いにしえの信仰と伝統を伝え 奄美の原風景を残す島

複雑に入り組んだ海岸線に、ガジュマルの巨木やデイゴの花、サトウキビ畑が広がり、まるで島唄の歌詞のような奄美の景色が広がる島。「実久ブルー」で知られるコバルトブルーの海が魅力の実久ビーチが絶景スポット。周辺には、夕日の丘展望台と大島海峡展望所があり、大海原を一望できる。人々は今も古くからの伝統を守り、神々や先祖を大切に祀って暮らしており、クガツクンチと呼ばれる旧暦の9月9日には、国の重要無形民俗文化財に指定された郷土芸能・諸鈍シバヤが大屯神社で催される。

武名のガジュマル ●たけなのガジュマル

いたずら好きのケンムンという妖怪が棲むといわれる、ガジュマルの木が鬱蒼と茂る。

ワンポイント　映画『男はつらいよ 寅次郎紅の花』や、ドラマ『ウォーターボーイズ2005夏』など、ロケ地巡りをするのもおすすめ。

ようこそ加計呂麻島へ
加計呂麻島は、東西に長いので場所によりさまざまな風景が楽しめます。陸だけでなく、「実久ブルー」で有名な美しいマリンブルーの海も自慢。とてもきれいですよ!
●奄美せとうち観光協会
水野康次郎さん

奄美大島 →P.18

島のキホン

鹿児島県大島郡瀬戸内町
面積 約77km²　周囲 約148km
人口 約1100人(令和3年6月)　最高地点 326m(加崎岳)
問い合わせ先 奄美せとうち観光協会　☎0997-72-1199

島への行き方

古仁屋港　フェリーで約20〜25分　加計呂麻島

奄美空港から、車で約1時間40分、直行バス利用なら約2時間30分で奄美大島の南端にある古仁屋港へ。古仁屋港からは、町営フェリーか海上タクシーで加計呂麻島に渡る。生間港まで約20分、瀬相港までは約25分で到着する。島内はバスでの移動もできるが、本数が少ないので注意が必要。

おすすめの季節はいつ?

一年を通して温暖で四季それぞれの楽しみが多い観光なら5〜6月、9〜10月に訪れるのがおすすめ

どの季節にも散策やマリンスポーツを楽しむことができるが、過ごしやすいのは春か秋。島の名所であるデイゴ並木は、5〜6月に真っ赤な花を咲かせ、秋には伝統行事の諸鈍シバヤが行われるなど、季節のイベントもさまざまだ。
デイゴ▶5月〜6月上旬　サトウキビの製糖▶12月中旬〜3月下旬

道路沿いにある嘉入の滝は落差15m。冷涼な空気が漂う

徳浜 ●とくはま

穏やかな海が広がる。星の砂や太陽の砂に出会える海岸。

島での過ごし方
大自然を体感できる島を横断

1日目
午前＊奄美大島の古仁屋港から船で加計呂麻島へ
入り組んだリアス海岸を眺めつつ、船旅を楽しもう。
午後＊島を散策する
デイゴ並木やガジュマル、スリ浜など大自然を感じられる名所を巡ったり、塩工房の見学をするのもいい。夜は海沿いのペンションでのんびりとくつろぎたい。

2日目
午前＊マリンスポーツを思いきり楽しむ
ダイビングで海中散策へ。サンゴ礁が広がり熱帯魚が泳ぐ、透き通った加計呂麻島の海を満喫する。
午後＊船に乗り奄美大島へ
黒糖や塩など島の名産をおみやげに買い、島を離れる。夕方には、大島海峡に沈む美しい夕日が見られる。

グラデーション・ブルーの孤独　加計呂麻島

きらめく海と星空が待つ日本最南端の地
波照間島 ●はてるまじま

真っ青な海の中に潜ると、白い砂を背景に、カラフルな魚とサンゴ礁が目に飛び込んでくるニシ浜

遠浅の青く輝く海と白い砂浜が美しいグラデーションを描く

　石垣島の南西約63kmのところにある日本最南端の有人島。メインの観光地であるニシ浜は、透明度の高いクリアな海が目の前に広がり、波照間ブルーと呼ばれる鮮やかな海の色が魅力。波照間島の北にあり、ニシ浜の「ニシ」は沖縄の方言で「北」という意味を持つ。遊泳が唯一可能なビーチで、やわらかく白い砂は海の透明度を際立たせる。澄んだ海面からサンゴ礁が見渡せるシュノーケルなど、マリンアクティビティも楽しめる。人工の明かりが少ないため、夕日や星の輝きも素晴らしい。

島での過ごし方
海景色や星空、24時間フォトジェニック!

1日目
午前＊新石垣空港からバスで石垣港離島ターミナルへ
高速船の出発時刻は公式HPでこまめにチェックしよう。
午後＊昼はゆったりビーチで過ごし、夜は星空を眺める
民宿で自転車をレンタルし、ニシ浜へ向かおう。すぐそばにはトイレとシャワー、更衣室があるので安心。夜は宿から満天の星を眺めたい。星空観測タワー周辺も天体観測におすすめ。

2日目
午前＊島の見どころへ気ままにサイクリング
ニシ浜の反対側にある高那崎では、迫力ある波を断崖絶壁から見学できる。付近には日本最南端平和の碑があり、記念撮影スポットに。
午後＊おみやげには幻の泡盛「泡波」を手に入れたい!
波照間島でのみ造られる「泡波」は本州ではプレミア価格。島ならではのさまざまな名産を持ち帰りたい。

ワンポイント　夜の星空観測のため、島での宿泊がおすすめ。ホテルやリゾート施設はないが、島の中心の集落に民宿が数軒集まる。

ようこそ波照間島へ
輝くビーチや海はもちろん、夜に見られる広大な星空もロマンティック。12〜6月は南十字星などを観測できるので、島内に宿泊するのがベストです!
●竹富町観光宣伝部長 ピカリャ〜

↑石垣港離島ターミナル

波照間港
ニシ浜
名石集落
波照間空港
星空観測タワー
ベムチ浜
(遊泳禁止)
高那崎
日本最南端平和の碑

波照間島

0　　　　1km

島のキホン

沖縄県八重山郡竹富町
面積 約13km²　**周囲** 約15km
人口 約490人(令和3年6月)　**最高地点** 60m
問い合わせ先 竹富町観光協会　☎0980-82-5445

島への行き方

石垣港離島ターミナル 高速船で約1時間 **波照間港**

石垣港離島ターミナルから高速船で移動。1日2〜4便あり、西表島の大原港を経由する場合もある。波照間港から1kmほど離れた島の中心(名石集落)までは自転車で約6分。自転車でまわるのに十分の広さだが、坂道が多いのでレンタバイクかレンタカーでもいい。路線バスとタクシーはない。

おすすめの季節はいつ?

梅雨と台風の悪天気を回避!
ビーチで遊ぶなら梅雨明けがおすすめ

海水浴に適した時季はだいたい4〜10月。おすすめは5月中旬〜6月中旬頃の梅雨後から台風シーズン前の7月。梅雨明け直後の1週間はカーチバイという強い南風が吹き、波照間島行の便に欠航が増えるので注意。
イノシシ猟解禁▶11〜2月　南十字星▶12〜6月

青い空と美しい海を背景に、「日本最南端平和の碑」が立てられている

高那崎
●たかなさき

琉球石灰岩が浸食されてできた日本最南端の岬。断崖絶壁の海岸が約1kmにわたって続く。

ニシ浜 ●ニシはま

北西方向に開けている海岸。夏は夕日が沈む光景に息をのむ。

星空 ●ほしぞら

島の南東端にある星空観測タワーを中心に、満天の星を眺めることができる。南十字星の観測時期は12〜6月。

グラデーション・ブルーの孤独

波照間島

73

広大な太平洋にポツンと浮かぶ未知なる孤島へ渡る

絶海に残された楽園

アクセスの難しさが、いっそうミステリアスさを際立たせる孤島。
沖縄本島からでさえ隔絶された環境にある、断崖絶壁に囲まれた南国の島は、
ビーチがないということからも、その特異性がうかがえる。

→ 南大東島

沖縄 16

沖縄諸島から遥か遠く東の海に浮かぶ島。
独自の文化と生態系に出会う

みなみだいとうじま
南大東島

　沖縄本島から東に約360km離れた大東諸島の
ひとつで、島名は「ウフアガリジマ」という「遥
か東の海の彼方にある島」を意味する沖縄古人の
島言葉に由来する。伊豆諸島の八丈島からサトウ
キビ栽培を目的として、明治33年(1900)に開
拓移民が上陸したことで有人島になった歴史があ
ることから、沖縄と八丈島の文化が融合した特有
の文化が伝わっている。また、島の誕生がニュー
ギニア諸島に端を発するため、ハブが生息してい
ないなど生態系も沖縄本島とは異なる。

島のキホン

沖縄県島尻郡南大東村
面積 約31km² 周囲 約21km
人口 約1300人(令和3年6月) 最高地点 75m
問い合わせ先 南大東村観光協会 ☎09802-2-2815

島への行き方

✈ 那覇空港から飛行機で約1時間
⛴ 那覇泊港からフェリーで約15時間
沖縄本島から向かうしか方法はない。RAC運行の便が、毎日、
午前と午後に1往復ずつある。また那覇泊港からフェリーも
出ており、島までを約15時間で結ぶ。フェリーで行くなら、ゴ
ンドラに乗って上陸する体験は貴重。運航日は大東海運のHP
で確認できる。

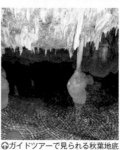
⬆ガイドツアーで見られる秋葉地底湖。島の大部分が石灰岩の南大東島には100を超える鍾乳洞がある

⬆ダイトウオオコウモリは大東諸島のみに生息する国指定天然記念物で、果実や花をエサとしている

⬆クレーンに吊るされたゴンドラに乗って、フェリーから乗り下りする大東諸島特有の風景。島の沿岸部は断崖で、貨客船の接岸ができない

⬆海軍棒プールは、岩をくり抜いて造られ、太平洋と一体化したような海水プール。日本海軍が測量の目的で立てた棒が名前の由来

日の丸山展望台からは集落、サトウキビ畑など島内360度を一望できる。戦時中は電波探知機部隊の陣地として利用された

⬅海の幸の代表格はサワラやマグロ。醤油ベースのタレで漬けたもので作る大東寿司は、おみやげや飛行機の中で食べるお弁当としても人気

➡大東そばの麺は、島の樹木の灰汁や海水が使われており、沖縄そばよりも太い。スープはマグロの頭を燻してとった出汁をベースにしているものも

気になる！ シュガートレイン

開拓移民が上陸した明治33年（1900）から、島ではサトウキビ産業が興り、収穫されたサトウキビは、約30kmにわたって敷かれた小さな鉄道で、港や製糖工場へ運搬されていた。トラック輸送の発達により、昭和58年（1983）に廃線。島内には当時使用されていた機関車や線路が一部残っている。

⬆ふるさと文化センターの隣に展示されている機関車。施設では開拓時代やシュガートレインのほか、南大東島の歴史が学べる

もっと知りたい島のこと

小さな島国が持つ意外な一面をクローズアップ

海の国境に立つ

国土は大きくない日本だが、東西・南北約3000kmにわたって浮かぶ島のおかげで広い海域を有する。海洋大国を形成する島々のうち、4つの「日本の端の島」と、29の「国境離島」エリアをご紹介。
※国境離島に関してはkokkyo-info.go.jp/を参考にしています。

豊かな海洋資源が得られるのは たくさんの離島が散在するから

　領海と排他的経済水域を含めた日本の広さは約447万km²で、世界有数の広さを誇る。海における広大な権利をもたらすのが、「国境離島」と呼ばれる領海と排他的経済水域の基点となる島々だ。「日本の端の島(択捉島、南鳥島、沖ノ鳥島、与那国島)」をはじめ、500以上の国境離島によって、多様な資源が確保されている。

　近年人口減少が著しいこれらの離島を、今後も基点としての機能を維持させるために、政府は2017年に29地域148島を「有人国境離島地域」に指定し、さまざまな対策を行っている。

沖縄県 ◯P.60
宮古列島エリア
みやこれっとう
宮古島(P.60)と、宮古島と架橋でつながる周辺の島々などで構成される。山と川がない宮古の海の美しさは特筆もの。

沖縄県 ◯P.74
大東列島エリア
だいとうれっとう
南大東島(P.74)などサンゴ礁が隆起してできた海洋島が太平洋に浮かぶ。沖縄諸島などとは、生態系や文化が異なる。

沖縄県 ◯P.12・48・72・200
八重山列島エリア
やえやまれっとう
列島の中心の石垣島(P.48)、世界自然遺産に登録された西表島(P.12)が属する島嶼群。石垣島から台湾までは約270km。

沖縄県 ◯P.26・56・64・68・166・171・173
沖縄諸島エリア
おきなわしょとう
沖縄島(P.26)を中心に、西方沖の慶良間諸島(P.56)や久米島(P.64)、北方沖の伊是名島(P.171)などからなる。

鹿児島県
三島エリア
みしま
黒島、硫黄島、竹島の3島が横並びに浮かぶ。過去1万年で地球上最大規模の噴火が起きた鬼界カルデラの痕跡がある。

鹿児島県 ◯P.30
屋久島エリア
やくしま
世界最大級の縄文杉がある屋久島(P.30)は、日本で最初に世界自然遺産に登録。屋久島西方沖にある口永良部島(くちのえらぶじま)の新岳は今も火山活動が続く。

鹿児島県 ◯P.170
吐噶喇列島エリア
とかられっとう
奇祭ボゼで知られる悪石島(P.170)を含む7つの有人島と、5つの無人島が南北約160kmにわたり点在。火山、サンゴ礁、温泉など島の特徴も多様。

鹿児島県 ◯P.18・24・52・70・96
奄美群島エリア
あまみぐんとう
8つの有人島が属し、奄美大島(P.18)と徳之島(P.24)は2021年7月に世界自然遺産に登録。希少な動植物、本土や琉球の影響を受けた文化に注目。

鹿児島県
甑島列島エリア
こしきしまれっとう
斜めに3島が並び、橋で結ばれている。断崖や奇岩は圧巻で、8000万年前(白亜紀)の地層から形成されているものも。

鹿児島県
種子島エリア
たねがしま
16世紀に鉄砲が伝来した島は、日本最大のロケット基地、アニメの聖地、サーファーの憧れの地など多彩な一面を持つ。

(島根県)
隠岐諸島
→P.132

(長崎県) (山口県)見島
対馬 →P.226

(長崎県)壱岐

五島列島
(長崎県)

沖の島
(高知県)

甑島列島
(鹿児島県)

○大島・築島
(宮崎県)

○三島
(鹿児島県)

種子島
(鹿児島県)

吐噶喇列島
(鹿児島県)

屋久島
(鹿児島県)

奄美群島
(鹿児島県)

沖縄諸島
(沖縄県)

日本最西端
与那国島 東経122度56分

○大東列島
(沖縄県)

宮古列島
(沖縄県)

八重山列島
(沖縄県)

●最西端の島
与那国島
よなぐにじま
空路と航路で行き来ができる
八重山列島の西端にあり、沖縄県に属する。面積約29km²、人口約2100人。観光業が盛んで、日本の端の島としては唯一、自由な上陸が可能。
◐険しい断崖や牧草地などがあり起伏に富む

●最南端の島
沖ノ鳥島
おきのとりしま
日本唯一の熱帯気候の島
小笠原諸島に属し、東京都心から約1700km離れた位置にある。約5.8km²の環礁内に東小島と北小島があり、満潮時には、2つの島が海面上に残る。

◐東小島と北小島を守るための護岸や観測施設がある 写真提供:国土交通省 京浜河川事務所

日本の端の島・国境離島

領海+排他的経済水域

利尻・礼文
(北海道)

天売・焼尻
(北海道)

小島
(北海道)

奥尻島
(北海道)

(山形県) 飛島
→P.94

(新潟県) 粟島
→P.222

舳倉島
(石川県)

金華山 (宮城県)
→P.156

(新潟県)
佐渡島
→P.178

伊豆諸島北部地域
(東京都)

伊豆諸島南部地域
(東京都)

宮崎県

大島・築島エリア
おおしま・つきしま

日南海岸で最大の大島は変化に富んだ海岸地形を持つ。築島はヤシ科の常緑高木・ビロウの群落地で知られる。

小笠原諸島
(東京都)

日本最南端
沖ノ鳥島 北緯20度25分

日本最北端
択捉島 北緯45度33分

山形県　◯P.94
飛島エリア
とびしま

宮城県　◯P.156
金華山エリア
きんかさん

新潟県　◯P.222
粟島エリア
あわしま

新潟県　◯P.178
佐渡島エリア
さどがしま

島根県　◯P.132
隠岐諸島エリア
おきしょとう

山口県　◯P.226
見島エリア
みしま

長崎県　◯P.136
対馬エリア
つしま

九州最北端の島嶼部。韓国の釜山市が望めるほど、朝鮮半島に近く、古くより大陸との交流の要衝地となった。大陸系固有の動植物も生息する。

長崎県　◯P.188
壱岐エリア
いき

対馬と佐賀県東松浦半島の中間に位置し、九州本土と大陸における交易の中継地として栄えた。大規模な環濠集落をはじめ、史跡や古墳が点在。

長崎県　◯P.162
五島列島エリア
ごとうれっとう

中通島(P.162)など大小140余りの島々からなる。禁教時代、多くのキリシタンが移住し、密かに信仰を続けた。禁教令解除後に建てられた教会が残る。

北海道　◯P.82・218
利尻・礼文エリア
りしり・れぶん

稚内市の西方沖約50〜60kmに位置する。高山植物の宝庫である利文島(P.82)と美しい山容の利尻富士がある利尻島(P.218)の2島で構成される。

北海道
奥尻島エリア
おくしりとう

青く澄んだ海と「なべつる岩」を筆頭とした数々の奇岩が特徴。ドライブやマリンスポーツを目的に訪れる人も多い。

石川県
舳倉島エリア
へぐらじま

多種多様な野鳥が集まることで、近年注目の的に。好漁場のため離島ながら弥生時代から人が暮らしていたとされる。

高知県
沖の島エリア
おきのしま

サンゴや熱帯魚が生きる南国の海に囲まれている。傾斜地にある集落は、石垣と石段が張り巡らされた独特の景観。

日本最東端
南鳥島 東経153度59分

北海道　◯P.220
天売・焼尻エリア
てうり・やぎしり

天売島は海鳥・ウトウの世界最大の繁殖地。多彩な海鳥と人々の生活が共存する。焼尻島(P.220)ではオンコの森や、顔の黒い羊が見られる。

北海道
小島エリア
こじま

厚岸(あっけし)町の島。昆布漁の時期、幾多の漁船が島横から波を立てて漁場へ向かう様子が名物。

東京都　◯P.102〜111
伊豆諸島北部エリア
いずしょとうほくぶ

伊豆諸島は海底火山が海上に形成したことにより形成された島々。伊豆大島(P.102)から神津島(P.110)にかけての計5島からなる。

東京都　◯P.112〜123
伊豆諸島南部エリア
いずしょとうなんぶ

三宅島(P.112)以南の計4島。近海に野生のイルカが棲む御蔵島(P.116)や、日本一人口の少ない村の青ヶ島(P.122)など、どれも個性豊か。

東京都　◯P.36・40
小笠原諸島エリア
おがさわらしょとう

東京都心から約1000km南の太平洋上に30余りの島々が散在し、世界自然遺産にも登録。日本の排他的経済水域の約3割を確保する重要な地域だ。

⬆知床半島から望む北方領土。見えているのは国後島で、その先に択捉島がある

●最北端の島

択捉島
えとろふとう

北方領土で最大の細長い島
北方領土のひとつの火山島。沖縄本島の面積の約2.6倍と広く、人口は7000人弱。ロシアの支配下にあり、日本は長年領有権を主張している。

もっと知りたい島のこと

海の国境に立つ

●最東端の島

南鳥島
みなみとりしま

小笠原諸島の東に浮かぶ孤島
行政上は東京都小笠原村だが、東京都心からは約1860kmも離れている。サンゴ礁が隆起してできた島で、面積は約1.51㎢と小さく、住民はいない。

出典:小笠原村HP

⬇三角形の島で一辺の長さは約2km、最高標高は9m

満開の花畑を求めて気軽にリゾート気分
淡路島 ●あわじしま

4月中旬〜5月
中旬にはアイス
ランドポピーの
花畑を楽しめる

写真提供:淡路島観光協会

温暖な気候に恵まれ
四季折々の花が咲き誇る

　淡路島は東西約28km、南北約55kmであり、瀬戸内海で最大の島。全島が瀬戸内海式気候のため、年間を通じて温暖な気候に恵まれ、古くから食材が豊富な島として知られてきた。

　現在では高品質な玉ねぎの産地として有名だが、花関連の施設やスポットが多いのも特徴だ。灘黒岩水仙郷の水仙、兵庫県立公園 あわじ花さじきの菜の花やコスモス、淡路島国営明石海峡公園のチューリップ、あわじ花の展望回廊のアジサイ、柬山寺の更葉、灘を島のヒマワリなどが見られる。また、数々の花とグルメイベントも

潮が見られる鳴門の渦潮にも足を運びたい。

四季折々の花で丘の斜面が埋め尽くされる「兵庫県立公園 あわじ花さじき」。島北部の小高い丘にあり、甲子園球場の約4倍もの面積の花畑が、大阪湾に駆け下るように広がる。園内には休憩所や直売所もある

ようこそ淡路島へ

瀬戸内の温暖な気候の淡路島は、四季を通じてさまざまな花が咲き、食材の宝庫として島のグルメも充実しています。自然や歴史も盛りだくさんな淡路島にぜひお越しください。
●クイーン淡路のみなさん

島のキホン

兵庫県淡路市、洲本市、南あわじ市
面積 約596㎢ **周囲** 約216km
人口 約12万人(令和3年6月) **最高地点** 608m(諭鶴羽山)
問い合わせ先 淡路島観光協会 ☎0799-22-0742

島への行き方

JR三ノ宮駅 バスで約45分〜1時間30分 → **淡路島**

JR三ノ宮駅からは淡路交通、本四海峡バスなど、複数の会社が淡路島方面へバスを運行しているが、路線により島内の停留所が異なる。淡路夢舞台前バス停までは45分、東浦バスターミナルまでは約1時間、津名港バスターミナルまでは約1時間10分、洲本高速バスセンターまでは約1時間30分。

おすすめの季節はいつ?

いつ訪れても、季節の花が咲く
花カレンダーを要チェック

通年、四季の花々が咲き揃う。花の咲く時期は島の北部と南部で違うので、訪れる前に各施設のHPを確認しよう。
菜の花▶3月上旬〜4月中旬(北部)
チューリップ▶3月中旬〜4月中旬(北部) 1〜2月(南部)
サルビア▶8月上旬〜11月上旬(北部)
コスモス▶10月上旬〜11月上旬(北部)

写真提供:淡路島観光協会

淡路ファームパークイングランドの丘
●あわじファームパークイングランドのおか

四季の花や動物とのふれあいを楽しめる農業公園。イングランドエリアでは、季節の花が一面に広がる景色が見られ、グリーンヒルエリアでは温室やロックガーデンで珍しい植物などを観賞できる。

淡路夢舞台 ●あわじゆめぶたい

草花が美しく映えるように安藤忠雄氏が設計した百段苑は必見。200種類のバラが咲くローズガーデンや、高台にある散策路・プロムナードガーデンにも注目したい。

写真提供:淡路島観光協会

ワンポイント 鳴門の渦は、毎日発生の時間が異なる。時間によっては渦潮のない場合があるので事前にチェックしておきたい。

淡路島国営明石海峡公園
●あわじしまこくえいあかしかいきょうこうえん

一年中とぎれることなく花を観賞できる国営公園。春には関西最大級のチューリップが咲き誇る花壇が楽しめる。チューリップのほか、夏はヒマワリ、秋にはコスモスも見られる。

潮騒に揺られて咲き乱れる花々

淡路島

淡路島玉ねぎ ●あわじしまたまねぎ

良好な気候条件のもと育てられたため、甘みが強く、やわらかな食感が特徴だ。島内各地で購入できるほか、飲食店でも料理に用いているところが多い。

写真提供：淡路島観光協会

明石海峡大橋
●あかしかいきょうおおはし

本州と淡路島を結ぶ全長3911m、世界最長の吊り橋。

鳴門の渦潮 ●なるとのうずしお

瀬戸内海と太平洋の潮の干満差によって発生する。

島での過ごし方
季節の色彩を楽しむ

1日目

午前＊バスに乗って淡路島へ向かう
三宮でバスに乗車し、兵庫県立公園 あわじ花さじきや淡路島国営明石海峡公園へ。園内を散策し、花々を観賞しよう。晴れていればピクニック気分でお弁当ランチもいい。

午後＊農業公園で遊び洲本市内で夕食
淡路ファームパークイングランドの丘で、花景や動物とのふれあいを楽しみ、おしゃれな飲食店が点在する洲本へ。淡路島の新鮮な野菜や魚介を味わえるお店でディナーを。

2日目

午前＊有名な「鳴門の渦潮」を見物
洲本バスセンターで路線バスに乗車し、福良バスターミナルで下車。うずしおドームなないろ館でうずしおクルーズに乗り、渦潮を間近で見学しよう。約1時間の船旅を満喫！渦潮が見られる時間帯は午前・午後と日によって異なるので、クルーズの公式HPを事前にチェック。

午後＊道の駅でランチとみやげ探し
うずしおドームなないろ館からシャトルバスに乗って道の駅 うずしおへ。地場料理が楽しめるレストランでランチのあと、ショップで玉ねぎグッズをチェック。

高原植物を楽しみながらトレッキング

礼文島 ●れぶんとう

ようこそ礼文島へ

桃岩などの奇岩や自慢の風景は、島内7つのトレッキングコースを歩くことで見られます。海とゆるやかな丘陵地帯、さらには絶壁が交わる自然景観はまるで外国のようです。
●礼文島観光案内所 山中さん

島での過ごし方
花と絶景を心ゆくまで満喫

1日目
午前＊稚内港から船で礼文島の玄関口・香深港へ
フェリーターミナル内の観光案内所で情報を集めよう。
午後＊高山植物の宝庫・桃岩展望台コースを歩く
礼文島で最もポピュラーなコース。香深港から桃岩展望台までは約1時間。天気が良い日には利尻富士も見える。

2日目
午前＊高山植物園で島内の花を知る
香深港からレンタカーで30分。島北部にある高山植物園では季節に応じて約30種の花が咲き誇る。
午後＊最北端の岬で美しい景色に出会う
礼文島最北端のスコトン岬、透明度の高い海が見える澄海岬などを巡る。5月下旬～6月中旬頃の開園中は、礼文島固有種のレブンアツモリソウの群生地にも足を運びたい。

3日目
午前＊礼文林道コースでトレッキングを楽しむ
6月から7月にかけてはレブンウスユキソウの群生も見られる。途中で礼文滝に向かうコースもあるが、急傾斜や沢を渡るので登山に適した装備が必要。
午後＊おみやげを購入して、帰りの船に乗船
フェリーターミナルあるいは向かいの礼文おみやげセンターで買い物をして、稚内港に向かう。

日本の最北端にある有人島は絶景と高山植物の宝庫

　現在の日本最北端にある有人島。東海岸はなだらかな丘陵が広がり、西海岸に断崖絶壁が続く。高緯度に位置することから、標高2000m級以上でしか見られない高山植物を平地で見ることができる。夏には約300種の高山植物が咲き乱れ、レブンアツモリソウやレブンウスユキソウなどの固有種を含む多彩な高山植物の花畑が、桃岩周辺や北部西海岸などで目を楽しませてくれる。島最北端のスコトン岬から西海岸沿いには、花畑や断崖絶壁など変化に富む島の風景を満喫できる散策路「愛とロマンの8時間コース」が続いている。

ワンポイント　島に来る前に靴底をきれいに洗う、遊歩道以外の場所を歩かないなど、礼文島の植物を守るためのルールを守って歩こう。

島内で見られる花は、礼文島固有種など含め約300種にもおよぶ

島のキホン

北海道礼文郡礼文町　**面積** 約82㎢　**周囲** 約67km
人口 約2400人（令和3年6月）　**最高地点** 490m（礼文岳）
問い合わせ先 礼文島観光協会　☎0163-86-1001

島への行き方

稚内港 ▶ フェリーで約2時間 ▶ 香深港

稚内港フェリーターミナルへは稚内空港から宗谷バスで約35分、JR稚内駅からは徒歩約15分でアクセスできる。ハートランドフェリー（車載可）に乗船し、礼文島の玄関口になる香深港フェリーターミナルまでは約2時間。1日に2〜3本の運航で、料金は2850円〜。

おすすめの季節はいつ?

高山植物のピークは6〜8月

登山をしなくても、たくさんの高山植物に出会えるのが礼文島の魅力。5月頃から花が咲き始め、6〜8月にかけては色とりどりのお花畑が見られる。トレッキングで訪れる観光客も多い。
レブンアツモリソウ ▶ 5月下旬〜6月中旬
レブンウスユキソウ ▶ 6月中旬〜7月下旬
レブンソウ ▶ 6月上旬〜7月下旬
レブンコザクラ ▶ 5月下旬〜6月中旬

レブンソウ

レブンアツモリソウ

澄海岬
●すかいみさき

コバルトブルーの海が見られる絶景スポット。

エゾバフンウニ

6月〜8月中旬にかけて獲れ、濃いオレンジ色の身と濃厚な甘い味わいが特徴。島内にはウニを楽しめる店が点在し、シーズン中にはウニむき体験も行っている。

スコトン岬 ●スコトンみさき

礼文島の最北端に位置し、天気の良い日には樺太まで望むことができる。

礼文島

スコトン岬
金田ノ岬
船泊湾
ゴロタ岬
レブンアツモリソウの群生地
久種湖
高山植物園
澄海岬
礼文町
礼文岳
40
0 4km
N
日食観測記念碑
礼文林道コース
礼文滝
三角山
地蔵岩（元地海岸）
礼文おみやげセンター
桃岩展望台
猫岩
桃岩展望台コース
稚内港・利尻島
礼文島観光協会
香深港
利尻島

岡山
19

灯台と人の優しさが光る水仙の島

六島 ●むしま

瀬戸内海の安全を見守る灯台と 周辺に咲く水仙が美しい

　岡山県笠岡市にある、笠岡諸島最南端の島。船の重要な航路の安全を守るため、大正11年(1922)に岡山県で初めて灯台が設置された。その灯台の周辺などには、冬になると約10万本の水仙が可憐な花を咲かせ、それを目当てに多くの観光客が訪れる。灯台からは海景を望むことができ、夕日も美しい。灯台までは道が整備されており、島の人々がブイで作ったかわいらしいブイ猫の看板がいくつも設置されている。また毎年10月には、島内各地で神輿をぐるぐる回す大鳥神社の例祭が開催される。

六島灯台 ●むしまとうだい

灯台のある高台からは多島美や瀬戸内海を行き交う大型船舶などを一望することができる。

84　　ワンポイント　水仙が見頃を迎える時期は、灯台の内部も見学できる日帰りツアーに参加するのもおすすめ(状況により中止になる場合もある)。

灯台と水仙が一緒に入るカットで
撮影するのがおすすめ

瀬戸内海

住吉港
角鼻
湛江港
大鳥神社
大鳥鼻
笠岡市

六島

大石山
前浦港
六島浜醸造所

六島灯台
小六鼻

0　300m　N

島のキホン

岡山県笠岡市　面積 1.02km²　周囲 4.6km
人口 51人（令和3年6月）　最高地点 185m（大石山）
問い合わせ先 笠岡市観光協会　☎0865-62-6622

島への行き方

住吉港 ── 旅客船で約1時間 → **六島**

笠岡の住吉港から六島まで1日4便。六島の発着場は湛江港と前
浦港の2つあるので乗り場や時間を事前にチェックしておこう。笠岡
から六島のどちらの発着場を利用しても運賃は1280円。住吉港に
は観光駐車場もある。

おすすめの季節はいつ?

水仙が広がる1〜2月がおすすめ

水仙は冬に見頃を迎える。水仙が終わったあとは灯台の前にある
桜が咲き、灯台とのコントラストを楽しむこともできる。
水仙 ▶ 1月〜2月下旬

ようこそ六島へ
灯台の周辺をはじめ、島内のあちこちに島
民の方が中心となって植えた水仙が1月か
ら2月にかけて可憐な花を咲かせます。ゆっ
たりとした時間が流れる癒やしの島として
人気が高まっています。
●笠岡市観光協会のみなさん

島の人たちが手
入れをし続けて毎
年美しい花を咲か
せる水仙

島での過ごし方
六島をお花見ハイキング

日帰り

午前＊住吉港から六島行きの船に乗船
笠岡にある住吉港から旅客船に乗り約1時間で六島に到着。
昼食を済ませたらハイキングに出発。

午後＊白い灯台を目指しながらハイキング
天気がいい日には、青空と白い六島灯台のコントラストが美し
い。約2時間で島を一周することができる。ハイキングを楽しん
だ後は六島ビールなどおみやげを購入し笠岡に戻る。

六島ビール ●むしまビール

六島では昔、麦を盛んに作っ
ていたことをきっかけに、
2019年4月に島で採れた麦
を使用したビールの醸造を始
めた。定番のセゾンビールの
ほか笠岡産のひじきやカキ、
イチジクなどを使用したビー
ルも販売。詳しくは六島浜醸
造所のHPをチェック。

妖艶な牡丹の花と溶岩洞窟の島
大根島 ●だいこんしま

火山の噴火でできた島を県花の牡丹が覆う

　島根県東部の中海に浮かぶ小さな島で、今から約19万年前、噴火によって形成された。地底には火山活動によってできた洞窟（溶岩トンネル）があり、国の天然記念物に指定されている。牡丹の栽培が盛んで、島内には数々の牡丹施設があり、花を観賞したり購入したりすることができる。4月下旬から5月上旬にかけて開催される大根島ぼたん祭では、切花品評会のほか多彩なイベントが開催され、多くの観光客が訪れる。一重咲きや八重咲きなど品種は300種にもおよび、海外にも輸出されている。

雲州人参 ●うんしゅうにんじん
島の特産品として古くから栽培されている。その人参根は粉末やエキスに加工され滋養・強壮剤として愛用されている。

島での過ごし方
牡丹と溶岩洞窟が観光のハイライト

日帰り

午前＊松江駅から市営バスで島内へ。牡丹の花を堪能
松江駅から八束町・由志園入口まで市営バスで約50分、由志園で牡丹の花や日本庭園を見学。食事処でランチを楽しもう。

午後＊溶岩洞窟を見学
国指定天然記念物でもある、溶岩トンネルの竜渓洞を見学（洞窟内を見学する際はガイドの予約が必要）。

ワンポイント　料理、創作体験などが楽しめるゲストハウス「ココリト大根島」でレンタサイクルも可能。

由志園は1万2000坪という広さを誇る池泉回遊式日本庭園。園内の池に3万輪の牡丹を浮かべる「池泉牡丹」や水面の両端を牡丹で絨毯のように敷き詰める「牡丹苑路」はGWにだけ楽しめる期間限定の風景

ようこそ大根島へ

静かな中海に浮かぶ小さな島・大根島は、日本一の生産量を誇る牡丹の産地です。春の見頃に咲き誇る大輪牡丹をゆっくりと眺め、穏やかな時間を過ごしてください。
●松江観光協会八束町支部 綾野さん

標高42mの平坦な島で、島根・鳥取双方から車でアクセスできる

江島大橋(ベタ踏み坂)
●えしまおおはし(ベタぶみさか)

江島と鳥取側の境港を結ぶ橋。5000t級の船舶が通過できる構造で、急勾配が特徴。

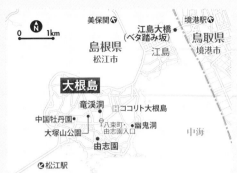

島のキホン

島根県松江市　**面積** 6.74k㎡(江島を含む)　**周囲** 約13km(江島を含む)　**人口** 約3800人(令和3年6月、江島を含む)　**最高地点** 42m(大塚山)　**問い合わせ先** 松江観光協会八束町支部　☎0852-61-5650

島への行き方

| 松江駅 | 松江市営バスで約50分 | 大根島 |

松江市内からは大海崎堤防、境港市からは江島大橋、松江市美保関町からは森山堤防で陸続きとなっているため、陸路でのアクセスが可能。松江駅から松江市営バスで約50分、または境港駅から八束コミュニティバスで約45分。

おすすめの季節はいつ?

牡丹の花が一斉に開花する4〜5月がおすすめ

温暖な気候で、一年を通じて快適に過ごせるが、牡丹の開花時期がベストシーズン。4月下旬から5月上旬には大根島ぼたん祭が開催され、多くの人が訪れる。
牡丹 ▶ 4〜5月

牡丹切花品評会
●ぼたんきりばなひんぴょうかい

ぼたん祭に開催されるイベントで、丹精込めて育てた大輪の花がずらりと並ぶ。

竜渓洞 ●りゅうけいどう

昭和8年(1933)、道路工事中に発見された溶岩洞窟。目の退化した世界的にも希少な生物が生息している。

香川 21

島民が育てた美しい花畑が迎えてくれる

志々島 ●ししじま

巨大な大楠と、蘇る花畑
のどかな島歩きを堪能

　香川県三豊市の詫間港から北西に5.5km、瀬戸内海に浮かぶ小さな島。島のシンボルでもある樹齢1200年の大楠が、島を見守るように中腹に鎮座し、大楠のすぐ西側にある手作りの展望台からは、穏やかな瀬戸内海を見渡す絶景が楽しめる。かつて花卉栽培が盛んだった歴史があり、現在は島の人々が花畑の復活を目指して奮闘中だ。ナデシコやキンセンカ、芝桜が咲き誇る天空の花畑は必見。ひと休みするなら志々島港近くにある休憩所「くすくす」で。飲食店などはないので、食べ物や飲み物は持参しよう。

島での過ごし方
徒歩でのんびり島めぐり

日帰り

午前＊粟島汽船の定期便で
　　　　香川県三豊市宮の下港から志々島港へ
朝の便で志々島港に着いたら、まずは徒歩で島のシンボル、大楠へ。楠の倉展望台で絶景を堪能。

午後＊島内の絶景スポットを
　　　　徒歩で巡る
楠の倉展望台から徒歩約20分、天空の花畑で色鮮やかな風景を楽しもう。志々島港近くまで戻ったら、島のアイドルのヤギと記念撮影。島で唯一の休憩所「くすくす」でひと休みしよう。志々島港からの定期便で宮の下港へ。

くすくす
kusu kusu

志々島の休けい処

ワンポイント　島で唯一の宿「ゲストハウス きんせんか」では素朴な古民家ステイが可能だ。

ナデシコ、キンセンカなど島民が手塩にかけて育てた花畑に感動

青い空と海とのコントラストが美しい天空の花畑。花畑には募金箱が設置されているので、ぜひ協力を

瀬戸内海

0　　200m

志々島

楠の倉展望台　● ●大楠

●天空の花畑

横尾の辻　三豊市

ゲストハウスきんせんか H

須田港

くすくす C

志々島港

志々島ふれあい館●

宮の下港

島のキホン

香川県三豊市　**面積** 0.74㎢　**周囲** 3.8㎞
人口 23人（令和3年7月）　**最高地点** 109m（横尾の辻）
問い合わせ先 三豊市観光交流局　☎0875-56-5880

島への行き方

宮の下港 定期船で約20分　**志々島港**

宮の下港から1日3便、粟島汽船の定期船が運航。宮の下港までは、JR詫間駅からコミュニティバスで約15分、詫間庁舎バス停下車すぐ。島内の道はほとんどが狭い急坂や階段のため、自動車・自転車は利用できず、徒歩のみ。

おすすめの季節はいつ？

青い海とのコントラストが美しい
天空の花畑が鮮やかに彩られる4〜6月がベスト

新緑が美しく、花々が咲き誇る4〜6月がおすすめ。
ナデシコ▶4月下旬〜6月下旬　**アジサイ**▶5月下旬〜6月中旬
シバザクラ▶3月下旬〜4月下旬
キンセンカ▶4月上旬〜5月上旬

ヤギ

畑の雑草を食べて島に貢献するヤギは島の人気者。

ようこそ志々島へ
太古の自然、神秘の魅力に癒やされる志々島。急な坂道や階段が多いため歩きやすい服装でお越しください。散策したあとは、「くすくす」で休憩。ヤギさんを見て癒やしのひとときを。
●三豊市観光交流局 スタッフのみなさん

大楠 ●おおくす

四方に太い幹が伸びる樹齢1200年の楠の木。7月中旬にはあたりにウバユリが咲く。

楠の倉展望台
●くすのくらてんぼうだい
瀬戸内海が一望できる絶景ポイント。

写真提供：三豊市観光交流局

福岡 22

季節ごとの花絶景が訪れる人を魅了する

能古島 ●のこのしま

姪浜からフェリーで約10分。便数は多いので気軽にアクセスできる

一年を通じ、さまざまな花が楽しめるのこのしまアイランドパーク。5月上旬～7月下旬はマリーゴールドが一面を覆い尽くす

船に乗ってたったの10分
季節の花が一年中楽しめる

博多湾の真ん中に浮かぶ周囲12kmの小島。福岡市の姪浜から船でわずか10分、1時間ごとに定期便が出ていることもあって博多っ子御用達の行楽地となっている。島は海水浴が楽しめるビーチやキャンプ村、木々の茂った散策路が整えられて、週末ごとに賑わう都会の人々のオアシスだ。なかでも15万㎡という広大なのこのしまアイランドパークは、桜や菜の花、ヒマワリ、コスモス、水仙と一年を通して季節の花々が咲き、バーベキューやアスレチック、スポーツなども楽しめるとあって大人気

潮騒に揺られて咲き乱れる花々

能古島

91

島のキホン

福岡県福岡市 【面積】3.95km² 【周囲】約12km
【人口】約720人(令和3年7月) 【最高地点】195m
【問い合わせ先】能古島観光案内所 ☎092-881-2013
のこのしまアイランドパーク ☎092-881-2494

島への行き方

| 姪浜渡船場 | フェリーで約10分 | → | 能古島 |

能古島へのフェリーへは、姪浜駅からバスで約15分の場所にある
姪浜渡船場から乗船する。所要時間は約10分で1時間ごとに1便
(季節により増便あり)。

おすすめの季節はいつ?

菜の花が咲く3月上旬～4月中旬、
コスモスの10月上旬～11月中旬が特に人気

のこのしまアイランドパークでは、一年を通じて季節ごとに花が咲い
ており、特に3月上旬～4月中旬の菜の花、10月上旬～11月中旬
のコスモスの時季には、多くの人で賑わう。7月上旬～9月下旬に
は、北端にあるビーチで海水浴も楽しめる。
菜の花▶3月上旬～4月中旬 桜▶3月下旬～4月上旬
ツツジ▶4月上旬～5月上旬 アジサイ▶6月上旬～7月上旬
ヒマワリ▶7月下旬～8月中旬 コスモス▶10月上旬～11月中旬
紅葉▶11月中旬～下旬 サザンカ▶12月上旬～2月上旬
ニホンスイセン▶1月中旬～2月下旬 海水浴▶7月上旬～9月下旬

のこバーガー

観光案内所「のこの
市」で食べられるご
当地バーガー。九州
産和牛のパティはオー
ダーが入ってから
焼くためアツアツ!!
能古島で採れた新鮮
野菜との相性も抜群!

能古島

也良岬

博多湾

・のこのしま
　アイランドパーク

檀一雄文学碑・　　・能古島
　　　　　　　　　海水浴場

福岡市
西区　　　・思索の森　　　　　土手崎

大波戸崎　・能古島展望台
　　　　　　・自然探勝路

　　　・早田古墳群
・能古博物館　　　・のこの市

白鳥崎　　　　　　　　　能古
　　　　　　　　　　　渡船場
　・白鬚神社　　浜崎
　　　　　　　　　　姪浜渡船場

0　500m

ようこそ能古島へ
能古島は船で約10分で行ける自然あふれ
る小さな島です。名産は甘夏や能古うどん
が有名で、島内には四季折々の花が咲く花
公園もあり「心のオアシス能古島」ともいわ
れています。ぜひ、癒やしにお越しください!
●のこのしまアイランドパーク 山崎浩昭さん

島での過ごし方
博多から日帰り島旅プラン

【日帰り】

午前*のこのしまアイランドパークで、季節の花を愛でる
能古島観光で外せないのがのこのしまアイランドパーク。園内
では豊富な種類の花や植物が栽培されているほか、明治時代
の博多の街を再現した"思い出通り"、ミニ動物園など、魅力的
なスポットが多数。
午後*島に残る歴史スポットを巡る
能古うどんなどの名物をランチで堪能したら、島の中央南側に
位置する早田古墳群や、島の出土品を展示する能古博物館
など、能古島の歴史を伝えるスポットを巡ってみよう。夕方にはフェ
リーで本土へ。季節によっては博多の夜景も楽しめる。夜は
博多グルメを満喫したい。

ワンポイント　日帰りで楽しめる島だが、アイランドパーク内にコテージがあるほか、キャンプを楽しむこともできる。

のこのしまアイランドパーク
桜や菜の花、コスモスなど、一年を通して四季折々の花々が咲き誇る自然公園。秋になると約80万本のコスモスが見頃を迎える。

地蔵 ●じぞう
のこのしまアイランドパーク内に鎮座するお地蔵さまにも旬の花々をお供え。

ヒマワリ
のこのしまアイランドパークの夏の主役はなんといってもヒマワリ。観賞用のほかに、イベント開催時には摘み取って持ち帰れる畑もある。

桜と菜の花
●さくらとなのはな
のこのしまアイランドパークでは、桜の季節にだけ楽しめる。ピンクとイエローの競演が美しい。

山形
23

野の花が可憐に咲き、野鳥が戯れる

飛島 ●とびしま

夕日が美しい海岸と黄橙色の花畑 日本海に突き出た岬から遠望する

　酒田市の沖合に浮かぶ飛島は、対馬海流のおかげで県内随一の温暖な気候に恵まれ、夏には海水浴やダイビングの人々で賑わいをみせる。最高地点が68mという平坦な島で、ウミネコの一大繁殖地として知られている。イカ釣り漁が盛んで、伝統調味料のイカの魚醤は約300年の歴史を持つという。島の西部には、日本の渚百選にも選ばれた荒崎海岸の景勝が広がる。周辺は、飛島と佐渡にしか自生していないトビシマカンゾウの群生地。6〜7月には可憐な花が一帯を黄橙色に染める。

島での過ごし方
ゆったりのんびり飛島を満喫

1日目
午前＊朝いちばんの便に乗り、飛島へ
酒田港から定期船「とびしま」に乗船し、飛島（勝浦港）へと出港。島に到着したら、港近くの旧西村食堂でレンタサイクルを借りる。
午後＊のんびりとサイクリングで島を巡る
まずは北端にある八幡神社と八幡崎展望台へ。そこからUターンして、中央部を南に走りながら賽の河原とローソク岩まで戻ってこよう。なお西海岸をまわる道はない。

2日目
午前＊遊覧船に乗って、海の上から飛島を観光
マリンプラザ前から出発し、賽の河原、御積島をまわる約40分の遊覧船と、島を一周する約1時間30分の遊覧船がある。遊覧船の詳細は各旅館、民宿に尋ねよう。お昼は飛島産の海産物を堪能。昼過ぎの便で酒田へ。

ワンポイント　飛島の旅館や民宿は11〜4月の冬季は休業に。近いタイミングで訪れる場合は事前に問い合わせておきたい。

ようこそ飛島へ

飛島の西側、海岸遊歩道にあるマンモス岩は飛島を代表する奇岩ですが、実は周囲を探してみると動物の形に見える岩がほかにもあるので探してみてくださいね。
●酒田市交流観光課 小林和也さん

八幡崎
八幡崎展望台　卍八幡神社
多宝寺卍
飛島
高森山▲高森神社
酒田市
小物忌神社卍
荒崎　マリンプラザ　鼻戸崎
荒崎頸部の植物群落　テキ穴　寺島
烏帽子群島　ローソク岩　戸崎　荒崎
ウミネコ繁殖地　旧西村食堂　日本海
御積島　赤島　マンモス岩　勝浦港
賽の河原　●館岩
烏島　二見島　釣り桟橋
蝶島　飛島海水浴場　百合島　酒田港

0　1km　N

島のキホン

山形県酒田市　面積 2.75㎢　周囲 約12km
人口 約180人（令和3年6月）　最高地点 68m（高森山）
問い合わせ先 酒田市交流観光課　☎0234-26-5759

島への行き方

酒田港　フェリーで約1時間15分　勝浦港

酒田港からの定期船「とびしま」を利用。1日1便が基本だが、5〜8月の土・日曜・祝日、7月下旬から8月上旬にかけては1日2〜3便（2021年7月現在、全便予約制。問合せは酒田市定期航路事業所☎0234-22-3911）。酒田発は1便目、飛島発は最終便からフェリーの座席が埋まっていくので、滞在時間を長くとりたいなら、早めに予約をしておこう。島は歩ける広さだが、レンタサイクルを利用すると（4〜10月のみ）、快適にまわれる。

おすすめの季節はいつ?

**冬季は定期船も1日1便、レンタサイクルも休業に
過ごしやすい季節5〜9月に訪れたい**

島でサイクリングを楽しむのであれば、春〜秋頃がちょうどいい。夏になれば、県内からの観光客も、船に乗って海水浴を楽しみにやって来る。また、名産のトビウオも旬を迎える。
トビシマカンゾウ▶6〜7月
オオスミソウ▶3月中旬〜5月上旬

島の各所で島の名前がついたトビシマカンゾウが群生する

トビシマカンゾウ

黄色の可憐な花を観賞できるのは6月頃だが、見て楽しむほかに、新芽を乾燥させぬか漬けにしたり、花を塩蔵するなど、保存食としても活用されている。かつては枯れた葉で草履を編んだり、茎に蝋を塗ってマッチ代わりにしたこともあったらしい。

荒崎 ●あらさき

島の西海岸に位置し、日本の渚百選に選ばれている。

飛島海水浴場 ●とびしまかいすいよくじょう

透明度の高い海。夏には多くの海水浴客で賑わう。

マンモス岩 ●マンモスいわ

風化や波の力によって岩の柔らかい部分が侵食されてできた奇岩。

華やかな南国色の花畑が広がる

沖永良部島 ●おきのえらぶじま

気品漂う純白の花、エラブユリが群生する笠石海浜公園。その栽培の歴史は100年を超える

温暖な気候に恵まれた 花と鍾乳洞の島

隆起サンゴ礁からできた島で、ゴツゴツとした岩肌がむき出しになった岩礁の合間に白い砂浜が点在、ウミガメの生息地、産卵地としても知られている。近海にはクジラと泳げる貴重なダイビングスポットがあり、ホエールウォッチングも楽しめる。島内にも見どころは多く、特に東洋一の洞窟ともいわれる昇竜洞は全長3500mにおよび、天然記念物にも指定されている神秘的な鍾乳洞だ。また、切り花の栽培が盛んで、エラブユリやスプレーキク、グラジオラスなど色鮮やかな花が咲き誇る。明治期にはユリの球根が欧米に輸出されて評判となった。

ウジジ浜 ●ウジジはま

波に浸食されてできたさまざまな形の奇岩群が沖に浮かぶ。早朝、朝日が昇る頃の絶景が素晴らしい。

ワンポイント　陸上からウミガメが見られるビューポイントがある。双眼鏡が設置されており、間近に観察できる。

四季を通して亜熱帯のあでやかな花々を見ることができる笠石海浜公園

昇竜洞 ●しょうりゅうどう

3500mの鍾乳洞のうち600mが一般公開されている。全国でも最大級のフローストーンは必見。

島での過ごし方
大自然のなかでリフレッシュ

1日目
午前＊空港に到着したら、さっそく島内観光へ
沖永良部空港近くのガジュマルの木を見学に行く。
午後＊島の見どころを巡り歴史や文化にふれる
笠石海浜公園でエラブユリなどの花々を観賞したり、西郷隆盛の記念館を訪れるなど、名所をまわる。

2日目
午前＊沖永良部島の美しい海を満喫する
早起きして、珍しい形の岩が並ぶウジジ浜へ。奇岩群の向こうに昇る朝日は壮観だ。絶景を堪能したら、ダイビングなどのマリンレジャーを楽しもう。
午後＊県の天然記念物、昇竜洞を探索
海の世界を楽しんだら、洞窟探検で地底の世界へ。鍾乳石が織りなす神秘の空間を体験しよう。

3日目
午前＊フランス式海洋療法で旅の疲れを癒やす
タラソおきのえらぶで、本格タラソテラピーでリラックス。温かい海水のプールでゆったりと過ごそう。トリートメントメニューもあり、美容にも効果抜群。
午後＊のんびりと島の空気を味わい飛行機で帰る
おみやげに島バナナを使ったお菓子を買って空港へ。

ようこそ沖永良部島へ
手つかずの自然が残る沖永良部島。なかでもフーチャは断崖絶壁にぽっかりと口をあける洞窟です。潮吹き洞窟とも呼ばれ、タイミングがあれば穴から高く潮が吹き出す光景が見られます。柵などないので足元には気をつけて。
●おきのえらぶ島観光協会 森岡峻一さん

写真提供:和泊町

島のキホン
鹿児島県大島郡和泊町、知名町 **面積** 約94km
周囲 約56km **人口** 約1万2000人（令和3年6月）
最高地点 240m（大山） **問い合わせ先** おきのえらぶ島観光協会 ☎0997-84-3540

島への行き方
鹿児島新港 フェリーで約17時間30分 → 沖永良部島
鹿児島空港 飛行機で約1時間30分
鹿児島空港からの飛行機は1日3便。フェリーは鹿児島新港から沖永良部島の和泊港まで1日1便の運航で、奄美大島の名瀬港と徳之島の亀徳港を経由する。沖縄からは飛行機・フェリーともに1日1便運行している。

おすすめの季節はいつ?
**季節を問わず楽しめるが
エラブユリの美しい春4～5月が特におすすめ**
冬でも温暖で過ごしやすく、四季を通じて花や島バナナなどの南国フルーツが楽しめる。アクティビティも充実しているので、暑い夏には涼しい鍾乳洞へ、雨の日は屋内でタラソテラピー、寒い冬にも楽しめるマリンスポーツと、気候や天気に合わせて過ごし方が選べる。エラブユリは4月下旬から5月中旬が見頃。
**エラブユリ ▶4～5月　完熟マンゴー ▶7～8月
ハマユウ ▶7～9月　ホウオウボク ▶7～10月
島バナナ ▶8～9月**

東シナ海

フーチャ　ハマユウ群生地
ガジュマルの木　沖永良部空港（えらぶゆりの島空港）　国頭岬
ウミガメビューポイント　ワンジョビーチ　笠石海浜公園
田皆岬　西郷南洲記念館　和泊港
沖泊海浜公園　越山　和泊町役場　鹿児島新港
世之主の墓　和泊町
知名町　大山　タラソおきのえらぶ
昇竜洞
ウジジ浜
屋子母海岸　知名町役場
知名港

沖永良部島

N
0　3km

与論島・那覇

のんびりと島時間を過ごす動物たちに癒やされる
猫の楽園・うさぎの聖地

自動車などの危険が少なく、のびのびと過ごすことができる島は動物にとってまさに楽園。穏やかな島の日常を楽しむとともに、その暮らしに溶け込むような、気ままな動物たちの姿が見られる島をご紹介!

田代島
相島
大久野島
湯島

猫が多くいる場所には猫看板が立っているので探してみよう

島民と猫とがのんびり暮らす島で猫の名前を呼びながらお散歩

熊本
25
湯島 (ゆしま)

有明海にぽっかりと浮かぶ小さな島・湯島には、たくさんの猫が棲んでおり、すべての猫には名前がついている。猫とのふれあいを楽しむのは、人懐っこい猫が集まる船着場付近がベストスポット。湯島灯台から海を一望でき、ハート形のアコウの樹や湯島猫神像などフォトスポットも点在。獲れたての海の幸が堪能できる飲食店や旅館もある。

有明海
●湯島灯台
湯島
上天草市
⊗湯島小・中
島原湾
卍諏訪神社
湯島猫神像
湯島港
●ハート形のアコウの樹
0　300m　N
江樋戸港

島のキホン

熊本県上天草市
面積 0.52km²　周囲 約4km
人口 約280人（令和3年）　最高地点 104m
問い合わせ先 上天草市役所
☎0964-26-5512（上天草市観光おもてなし課）

島への行き方

江樋戸港（えびと）から定期船で約30分
江樋戸港から湯島までの定期船は菊盛丸と昭和丸の2隻ある。日替わりで1隻ずつ稼働し、乗船時間は片道約30分。1日5往復で、運賃は片道600円。江樋戸港から徒歩約5分のバス停「さんぱーる」までは熊本駅前から約1時間20分、江樋戸港には広い駐車場もある。

猫神様のいる東北の小さな漁師町。人懐っこい猫を探して徒歩で島巡り

田代島

たしろじま

宮城県・牡鹿半島の南西に浮かぶ、別名「猫の島」。大謀網という大型定置網の伝統漁法を受け継ぐ漁師の島でもある。猫は大漁の守護神として大切にされ、島中央には猫神社（猫神様）がある。たくさんの猫たちが、島の人々に愛されながら島でのんびりと暮らす。船を下りると早速、たくさんの猫に迎えられる。漁師さんのそばで、おとなしくエサ待ちをする姿が愛らしい。

❶高台にあるアウトドア施設・マンガアイランド。漫画家のちばてつや氏や里中満智子氏がデザインしたロッジがある

❷島の南端に位置する三石崎

島のキホン

宮城県石巻市　**面積** 2.92㎢　**周囲** 約12km
人口 55人（令和3年6月）　**最高地点** 96m（正島山）
問い合わせ先 石巻市役所
☎0225-95-1111（石巻市復興政策部地域振興課）
※マンガアイランド予約受付は石巻市産業部観光課

島への行き方

🚢 石巻・網地島ライン発着所から高速船で約45分

石巻の網地島ライン発着所から田代島・網地島を経由し、鮎川港へ着く便が運航している。石巻発は1日3便。田代島では大泊港と仁斗田港の2カ所に停泊する。石巻駅から発着所までは、徒歩約15分。車でのアクセスの場合は、発着所の近くにある無料駐車場の利用を。

島民から大切にされてきたこの島の猫は人懐っこい。なお犬は入島禁止

豊かな自然と長い歴史を持つハート形の島で猫と出会う

福岡 27

あいのしま
相島

玄界灘に浮かぶ、『万葉集』や『続古今集』にも記されている歴史ある島。島内ではたくさんの猫がのんびり暮らしている姿が見られる。また、歴史的な史跡やビュースポットが点在しており、島一周歩いて約2時間でまわることができるので、ハイキングコースとしても人気がある。島は住民の生活の場、訪れる際はマナーや乗船のルールなどには細心の注意を払いたい。

島のキホン

福岡県糟屋郡新宮町　**面積** 1.22km²　**周囲** 約5.4km
人口 約240人（令和3年6月）　**最高地点** 77m
問い合わせ先
一般社団法人新宮町おもてなし協会　☎092-981-3470

島への行き方

⚓ **新宮漁港から町営渡船で約20分**
新宮漁港から相島港まで町営渡船「しんぐう」で約20分。1日5〜6往復で、渡船の料金は480円。新宮漁港には駐車場が約150台あり、30分以内は無料、30分〜12時間300円で利用できる。

⬆人懐っこい猫がすり寄ってくることもあるが、猫にエサをあげたり、猫を移動させることは禁止

高さ20m、周囲100mの鼻栗瀬は県指定文化財。海食洞があり、めがね岩と呼ばれている

ウサギは繊細でストレスを感じやすいのでウサギと接する時は注意しよう。ウサギが食べ残したエサはきちんと持ち帰ることも忘れずに

戦争の遺産に野生化したウサギが遊ぶ

広島 28

おおくのしま
大久野島

かつて日本陸軍の毒ガス工場があったため「地図から消された島」だったこともある。現在は国立公園に指定され、500〜600羽ほどのウサギが生息する「ウサギ島」として知られる。年間約27万人もの観光客がウサギ目当てに訪れている。温泉や海の幸を楽しめる、島唯一の宿泊施設「休暇村大久野島」や、平和を願う目的で建設された「大久野島毒ガス資料館」などもある。

↑海岸線沿いにはウサギの耳のオブジェがあり、島の人気撮影スポットになっている

↑戦時の工場の施設跡が島の各地に残る

島のキホン

広島県竹原市
面積 0.70km²　周囲 4.3km
人口 21人（令和3年6月）
最高地点 97m
問い合わせ先 竹原市観光協会
☎0846-22-4331

島への行き方

🚢 忠海港から客船で約15分

JR忠海駅から徒歩約5分の忠海港から、休暇村大久野島の客船で島へ渡る。島には桟橋が2つあるので帰る際は気をつけたい。大三島まで行く大三島フェリーも利用できるが、島内は車の通行は禁止。レンタサイクルなどでまわろう。

忠海港
0 300m
竹原市
北部砲台跡
長浦毒ガス貯蔵庫跡
中部砲台跡
火薬庫跡
大久野島
第2桟橋
ひょっこり展望台
大久野島
毒ガス資料館
発電場跡
休暇村
バス乗場
休暇村
大久野島
第1
桟橋
キャンプ場
休暇村
送迎バス乗場
大久野島
ビジターセンター
ウサギの耳の
オブジェ
大久野島灯台
大三島

地球の鼓動を感じる活火山の島

伊豆大島 ●いずおおしま

「三原キャニオン」とも呼ばれる赤ダレ。
三原山山頂口駐車場または月と砂漠
ライン駐車場から徒歩約45分でたど
り着ける。崩落の危険があるので、
訪問の際は必ずガイド同伴で
(https://izu-oshima.com/)

ようこそ伊豆大島へ
伊豆大島は島全体が活火山。そのなかでも島の中央に位置する三原山、火口の周りをぐるっと一周する「お鉢巡りコース」(所要約2時間)は特におススメ!遮るものが一切ない絶景で、海越しの富士山、ほかの東京諸島が見渡せます。
●大島観光協会のみなさん

火山のジオで島の魅力を楽しみ
原生林にもなる椿を探索

周囲に海に囲まれ、約120km²の面積上にある、伊豆諸島で最大の島。中央にそびえる島のシンボルの三原山は、いにしえより噴火を繰り返してきた。昭和61年(1986)の大噴火では、全島民の島外避難を経験。巨大な火口やマグマ跡、バウムクーヘンのような大山灰の地層切断面など、随所で噴火の痕跡が見られ、島は関東初のジオパークに認定された。富士箱根伊豆国立公園に属し、島の約97%が自然公園法によって自然景観と生態系が保護されている。島には約300万本のヤブツバキが自生し、大島公園、大島高校、椿花ガーデンの3カ所が「国際優秀つばき園」に認定されている。

三原山内輪山
山頂にある三原
神社の鳥居越し
に見える富士山

103

裏砂漠 ●うらさばく

一面が火山噴出物の「スコリア」で覆われ、別の惑星に来たかのような静寂な空間が広がる。月と砂漠ライン駐車場から徒歩約10分。

千波地層切断面 ●せんばちそうせつだんめん

たび重なる噴火によってできた高さ約24m、長さ約600mの巨大な地層。昭和28年(1953)の道路建設工事中に偶然発見された。

島のキホン

東京都大島町　**面積** 約91k㎡　**周囲** 約52km
人口 約7300人(令和3年6月)　**最高地点** 758m(三原山)
問い合わせ先 大島観光協会　☎04992-2-2177

島への行き方

竹芝桟橋 ジェット船で約1時間45分
調布飛行場 飛行機で約25分 　→ **伊豆大島**

大島へは竹芝桟橋からジェット船が毎日運航し、土・日曜、祝日には久里浜経由の便もある。熱海港からも運航。大型客船は竹芝桟橋から深夜に出発し、翌早朝に到着する。所要約6時間。

おすすめの季節はいつ?

常春の穏やかな気候
目的によってベストシーズンは異なる

1月下旬〜3月下旬には椿まつりが開催され、ヤブツバキの群生が見たいなら初春がおすすめ。ダイビングなら水温が低い季節が透明度は高い。一般的なオンシーズンは夏とされるものの、島でやりたいことによって、ベストシーズンも変わってくる。
ヤブツバキ▶1〜3月　**大島桜**▶3〜4月

赤禿 ●あかっぱげ

熱い溶岩の粒が降りつもってできた赤い丘。赤い溶岩と青い海のコントラストが鮮やかで、夕日の絶景スポットとしても人気。

✓**ワンポイント**　千波地層切断面をイメージした「バウムクーヘン」は島のおみやげに。シャロン洋菓子店で販売している。

筆島 ●ふてしま
海中にぽつりと乗り残されたように立つ奇岩。三原山より古い火山が浸食されたものだという。

気になる！ 大島の名産品、体にうれしい椿油

髪や肌への美容商品として知られているが、食用にも適している。成分の80％以上がオレイン酸からなり、動脈硬化や高血圧など生活習慣病を改善する働きがある。その含有量はオリーブ油を凌ぐほど。

島での過ごし方
島の名産と絶景を堪能

1日目

午前＊約1時間45分で大島へ
元町港周辺で自転車を借りて、椿花ガーデンへ。約17万㎡の広大な敷地に椿やアジサイなど季節の花々が咲く。

午後＊椿油の搾り体験に参加
大島ふるさと体験館に寄り、自転車を返し大島温泉ホテルへ。三原山が望める温泉や、大島純正三原椿油でアシタバや魚介を揚げて食べる「椿フォンデュ」を堪能。

2日目

日中＊三原山でパワーチャージ
ホテル前出発のトレッキングコースで三原山の火口展望台を目指す。散策は自由、所要約1時間。山頂まで登ったところで、お鉢巡り。下山ランチは大島名物べっこう寿司を。

夜＊トレッキング後は浜の湯へ
元町浜の湯で水平線に沈むサンセットを観賞。夕食後は満天の星を眺めるツアーに参加したい。

3日目

午前＊巨大な断層を見に行く
自転車を借りて南海岸のサイクリングコースを走る。千波地層切断面を間近に観察。

午後＊おみやげを買って帰路へ
16時台のジェット船に乗れば、18時過ぎに東京に着く。

105

多くのサーファーが集まる常春の島

新島 ●にいじま

6.5kmの白浜が続く羽伏浦海岸
はサーフィンのメッカ

ようこそ新島へ

新島は海やサーフィンで有名ですが、実はコーガ石もすごいんです。島内にはコーガ石でできた古い建造物やモヤイ像が100体以上点在しているので、島内散策もおすすめです。コーガ石が原料の新島ガラスはオリーブグリーンをしており、おみやげにも最適ですよ。
●新島観光協会のみなさん

ホワイトビーチではサーフィンの
国際大会が開催されることも

　白い砂浜が延々6.5kmも続く島東部の羽伏浦海岸は、ビッグウェーブが押し寄せる日本有数のサーフポイント。クリアな海をエメラルドグリーンに輝かせる、純白のビーチの美しさでも知られる。羽伏浦の南部には、白い地層が露出した白ママ断層の断崖が続き、氷河のような白の世界に圧倒される。白砂の正体は軽石状のコーガ石（抗火石）で、新島とイタリアのリパリ島でのみ産出される貴重な石。集落の塀や建物、島内各所で出会う「モヤイ像」のほか、新島ガラスの原料に使われている。

湯の浜露天温泉 ●ゆのはまろてんおんせん
古代ギリシャをモチーフにした建物が目印の天然露天温泉。

ワンポイント　隣の式根島へは、新島から連絡船が1日3便運航している（所要約15分）。

モヤイ像 ●モヤイぞう

島で採れる貴重なコーガ石を使ったモヤイ像が各所に点在するので探してみよう。

羽伏浦海岸 ●はぶしうらかいがん

ハワイのノースショアに並ぶほど良質な波に恵まれ、サーフィンの世界大会が開催されたこともある海岸。白亜の塔が建つメインゲートが海岸の目印。

島での過ごし方
海と山を欲張りに楽しむ

1日目

午前 * 夜半に大型客船で出発。翌朝着くので早速観光
23:00の大型客船に乗ると、翌朝7:30には新島の前浜港に到着。まずは港周辺の新島観光協会で手荷物を預けよう（有料）。新島には4つのトレッキングコースがあり、そのうちの所要約1時間30分の石山トレッキングコースを歩く。石山展望台から見渡す真っ青な海に感動。

午後 * のんびりビーチでまどろむ昼下がり
前浜海岸で海を見ながらのんびり。海水浴やダイビングも楽しめる。夕方は海岸の高台に位置する湯の浜露天温泉へ。パルテノン神殿風の建築が特徴で、ここから眺めるサンセットは圧巻。夜は民宿で用意してくれた旬の料理に舌鼓。

2日目

午前 * 吹きガラスで新島ガラスのコップを制作
新島ガラスアートセンターで開催している吹きガラスを体験（要予約）。

午後 * 新島のメインビーチ・羽伏浦海岸へ
純白のビーチが美しい。メインゲートから海にせり出す白ママ断崖まで散歩。夕方は居酒屋でローカルごはん。

3日目

午前 * レンタサイクルを借りて島内散策
島内にたたずむ小さな神社を巡る。

午後 * 船に乗り東京へ
昼過ぎ発の高速ジェット船で竹芝桟橋へ（約3時間）。

島のキホン

東京都新島村
面積 約23km² **周囲** 約42km
人口 約2100人（令和3年）
最高地点 432m（宮塚山）
問い合わせ先
新島観光協会 ☎04992-5-0001

島への行き方

| 竹芝桟橋 | ジェット船で約3時間 | → | 新島 |
| 調布飛行場 | 飛行機で約40分 | | |

竹芝桟橋から新島の前浜港まで夜行の大型客船なら約8時間30分で朝到着。久里浜からジェット船（所要約2時間、季節航路）、伊豆の下田からフェリー（約2時間40分）が運航。調布飛行場からの飛行機は1日3〜4便。

おすすめの季節はいつ？

年間を通じて気温の差が少ない 夏はサーフィンのシーズンオフ

新島の年間平均気温は20.3℃。いちばん寒い1月でも11.5℃。春と秋がサーフィンのベストシーズンで、例年全国のサーファーが新島に押し寄せる。のんびりと過ごしたいなら、この時季を外したオフシーズンに行くのがよい。
サーフィン ▶ 5〜6月、9〜11月
アシタバ ▶ 2〜5月（旬）

島寿司 ●しまずし

新鮮な魚を醤油だれに漬け込み、辛子で食べる伊豆諸島名物の島寿司。島寿司が食べられる店や、逆に島寿司を出さない江戸前の寿司店もあるので、入る前に確認を。

107

東京
31

海水浴と天然露天風呂に癒やされる
式根島 ●しきねじま

ようこそ式根島へ
式根島は東京都心から約160km離れた場所にある小さな島。無料露天温泉（水着着用）が3つもあり、温泉天国とも呼ばれる島です。
●式根島観光協会のみなさん

「式根松島」と呼ばれる島 海中露天風呂を楽しむ

　入り組んだリアス海岸が美しく、「式根松島」と称される式根島。その風光明媚な海岸線を背景に、海中温泉や海水浴場、海釣りの好スポットが点在する。なかでも海中に湧く野趣満点の露天風呂が名物で、波打ち際の岩場で海や夕日の眺望を満喫できるのが魅力。V字状の谷間にある地鉈温泉（じなた）は茶褐色、足付温泉（あしつき）は無色透明でそれぞれ効能が異なる。どちらも源泉が高温のため、適度に海水が入る時間帯に入りたい。いつでも適温で入れる松が下雅湯（まつがしたみやびゆ）もあり、3つの露天風呂は24時間無料で利用できる。

島での過ごし方
海山で遊んだあとは温泉でリラックス

【1日目】
午前 ＊ 式根島到着
港では「ようこそ式根島へ」の壁画がお出迎え。まずは宿にチェックイン。
午後 ＊ 大浦海水浴場で磯遊び
ランチは地元で親しまれている店へ。砂浜と岩場がある大浦海水浴場へ着いたらのんびりと海水浴や磯遊びを。シュノーケルで海の中をのぞいてみよう。夕食前に散歩がてら夕日を見るのもおすすめ。

【2日目】
午前 ＊ 火山がつくり出した島をハイキング
波音を聞きながら森の小道を歩き、断崖絶壁の唐人津城を目指そう。火山が生んだ絶景のなかで食べる弁当は格別だ。
午後 ＊ 鉈で割ったような地形の絶景温泉へ
神経痛や冷え症などに効能があり、「内科の湯」の異名を持つ地鉈温泉へ。

【3日目】
午前 ＊ みやげ屋で旅の思い出探し
島の名産品をみやげ屋でゲット。思い出と一緒に持って帰ろう。
午後 ＊ 東京へ向け出航
午後のジェット船に乗れば、夕方には東京に着く。

108　**ワンポイント**　式根島は外周約12kmの小さな島なのでレンタサイクル、レンタバイクなどでの移動がおすすめ。

美しいマリンブルーが広がる
泊海水浴場は遠浅の海岸。
岩に囲まれているのが特徴

島のキホン

東京都新島村　**面積** 3.67km²　**周囲** 約12km
人口 約500人(令和3年7月)　**最高地点** 109m
問い合わせ先 式根島観光協会　📞04992-7-0170

島への行き方

| 竹芝桟橋 | ジェット船で約3時間10分 | 式根島 |

竹芝桟橋からはジェット船のほか大型客船も運航。所要約9時間だが、夜のうちに出航して早朝島に到着するので、朝から動ける。伊豆の下田港からもフェリーが出ており、所要約3時間15分。近隣の新島から連絡船を使ってもアクセスできる。所要約20分。島内の移動はレンタサイクルが便利で、レンタカーもある。

おすすめの季節はいつ?

海水浴・温泉とも楽しむなら夏がおすすめ
星空が最も美しい6月と10月は穴場シーズン

隣り合う新島と気候はほぼ変わらない。海水浴を楽しむなら梅雨の明ける7月から降水量がそれほど多くならない9月にかけてがベスト。10月は降水量が大幅に増え、気温も一気に下がるので注意。温泉はシーズン関係なく通年入れるが、11〜1月の冬季もおすすめ。
海水浴 ▶ 7〜9月　オオシマツツジ ▶ 5〜6月

神引展望台 ●かんびきてんぼうだい

式根島で一番高い場所にあり、条件の良い日には伊豆半島や富士山、ほかの島々まで展望できる。新東京百景に選ばれている。

地鉈温泉 ●じなたおんせん

海を目の前に望む温泉。水着着用が義務付けられている。

島焼酎 ●しまじょうちゅう

式根島で作られる焼酎「しきね」と「神引」は現地でないと購入できない幻の焼酎。島の食材との相性は抜群。島内の各売店で扱っている。

109

東京 32

天上山が見守る神話の島

神津島 ●こうづしま

三浦湾展望台から美しい景色を望む

↑天上山に咲くオオシマツツジ。岩場に鮮やかな赤色が映える

伊豆諸島創造の神話の舞台
季節の花と満天の星が島を彩る

伊豆諸島のほぼ中央に位置し、かつては「神集島」と書かれていた。島の中央に鎮座する天上山は、伊豆諸島の神々が集い、水の分配会議を開いた「水配り神話」が残る山。天上山は花の百名山に数えられ、ショウジョウバカマをはじめ、春から秋にかけて多様な花が咲く。山頂に至るトレッキングコースでは、季節の花とともに、途中の展望台や山頂から伊豆諸島の島々が浮かぶ海原の絶景が楽しめる。透明度抜群の海を誇る島では、シュノーケルやダイビングなどマリンスポーツも盛んだ。

赤崎海水浴場 ●あかさきかいすいよくじょう

木造の遊歩道が整備されている海水浴場。ハマフエフキなどの魚も多くシュノーケルやダイビングを楽しむスポットに。

110　✏ワンポイント　宿は港近くの集落に集中している。帰りの船の出発港は日によって変更するので、必ず帰る日にチェックを。

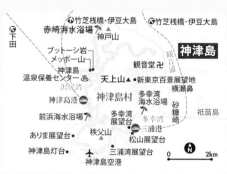

神津島

N 下田
竹芝桟橋・伊豆大島
赤崎海水浴場
神戸山
竹芝桟橋・伊豆大島
ブットーシ岩
メッボー山
神津島
温泉保養センター
天上山▲・新東京百景展望地
横瀬鼻
観音堂卍
沢尻湾
神津島港
神津島村
砂糠崎
祇苗島
前浜海水浴場
多幸湾展望台
多幸湾海水浴場
多幸湾
ありま展望台
秩父山
松山展望台
三浦港
神津島灯台・
神津島空港
三浦湾展望台
0　　　2km

島のキホン

東京都神津島村 **面積** 約18㎢ **周囲** 約22km
人口 約1900人(令和3年7月) **最高地点** 572m(天上山)
問い合わせ先 神津島観光協会 ☎04992-8-0321

島への行き方

竹芝桟橋 ジェット船で約3時間40分 → 神津島
調布飛行場 飛行機で約45分

竹芝桟橋から発着するジェット船は、大島・利島・新島・式根島を経由して神津島へ向かう。1日1便。夜に出航する大型客船は約10時間の船旅になる。熱海・下田港からも便があるほか、調布飛行場から新中央航空も利用できる。

おすすめの季節はいつ?

天上山のツツジは初夏が見頃
一年を通してさまざまな植物が目を楽しませてくれる

島を代表する花であるオオシマツツジの見頃は5〜6月で、この時季は天上山に多くの登山者が訪れる。ほかにも春にはコウヅシマヤマツツジ、夏にはサクユリ、秋にはキキョウやリンドウと通年楽しめる。
オオシマツツジ▶5〜6月　**サクユリ▶**7月　**リンドウ▶**10〜11月

島での過ごし方
雄大な山と美しい海を満喫

1日目
午前 ＊ 竹芝桟橋からジェット船に乗り島を目指す
早朝に東京を出た船はお昼過ぎに神津島へ到着する。
午後 ＊ 赤崎海水浴場や島の名所を巡ろう
人気の水遊び場、赤崎海水浴場へ。途中メッボー山、ブットーシ岩などユニークな名前の名所も点在する。

2日目
午前 ＊ 天上山へトレッキング
標高572mと、初心者にも登りやすい。展望台からは白い山肌や周辺の島々が見渡せる。登山口から山頂までは約1時間。
午後 ＊ 汗をかいたあとは島の天然温泉でリフレッシュ
自然の岩場を利用した開放感のある大露天風呂が評判。夜になれば満天の星も楽しめる。

3日目
午前 ＊ 港周辺の美しいビーチを満喫
前浜海水浴場や沢尻湾など美しいビーチや入り江で水遊び。特に白い砂浜が約800m続く前浜は人気。ダイビングもできる。
午後 ＊ 島の余韻を楽しみつつ、帰途へ
竹芝桟橋への高速ジェット船の帰りの便は、午後早い時間にある1便のみ。乗り遅れには注意しよう。

ようこそ神津島へ
2020年12月に神津島全体が国内で2番目、東京都内では初の星空保護区に認定されました。星空保護区とは光害の影響のない、暗く美しい夜空を保護・保全するための優れた取り組みを讃える国際認定制度です。美しい星空をぜひ見に来てください。
●神津島観光協会 江藤さん

島民ガイドによる星空ツアーは観光の目玉となっている

写真提供:神津島観光協会

島全体が天然の火山博物館

三宅島 ●みやけじま

火山が生んだダイナミックな景観と
豊かな海山が育む生き物に親しむ

東京都心から南へ約180kmに位置しており、面積はJR山手線の内側とほぼ同じ。一年を通して温暖な気候で、30℃を超える日や0℃を下回る日は少なく、住みやすい島だ。

富士火山帯に含まれる活火山のため、しばしば激しく噴火をすることで知られている。2000年の雄山山頂噴火、昭和58年（1983）阿古地区の噴火、昭和37年（1962）坪田地区の噴火と約20年周期で噴火を繰り返している。火山がつくり出した雄大な景観を、島内のいたるところで見ることができる。

海山ともに豊かな自然に囲まれ、マリンスポーツや自然体験など、さまざまな目的で観光客が訪れる。

往古、火の物語があった。伊豆諸島

三宅島

雄山の中腹付近にある七島展望台。天候の良い日には、大島から八丈島まで伊豆諸島の島々を一望できる

写真提供：三宅島観光協会

113

島のキホン

東京都三宅村　**面積** 約55km²　**周囲** 約38km
人口 約2400人(令和3年7月)　**最高地点** 775m(雄山)
問い合わせ先 三宅島観光協会　☎04994-5-1144

三宅島

| 危険区域 立入禁止区域 |

竹芝桟橋　大久保港　下根崎
伊豆岬　大船戸海岸
御蔵島　伊ヶ谷港
竹芝桟橋
三宅村
赤場暁
竹芝桟橋
サタドー岬
御蔵島
雄山
今崎　阿古小中学校跡
三池港
メガネ岩
錆ヶ浜　三宅島観光協会　七島展望台　三宅島空港
三宅村レクリエーションセンター　御蔵島
阿古港(錆ヶ浜港)　大路池
富賀浜　長太郎池
間鼻　三宅島自然ふれあいセンター・アカコッコ館
御蔵島・八丈島　新鼻新山　ツル根岬

島への行き方

竹芝桟橋 大型客船で約6時間30分
調布飛行場 飛行機で約50分

→ 三宅島

竹芝桟橋から三宅島、御蔵島を経由して八丈島へ至る八丈島航路に乗船。竹芝桟橋22:30発、翌朝5:00に三宅島着。3つの港があるが、当日の海況等によりどの港を使うか決まる。港の決定は早朝3:30。調布飛行場から新中央航空の利用も可能。

おすすめの季節はいつ?

年間を通して温暖で過ごしやすい気候
生き物が活発になるサマーシーズンがベスト

三宅島から船で片道約40分の御蔵島周辺に生息しているイルカと泳げる「ドルフィンスイム」は、水温が高くイルカとの遭遇率も高い7〜9月がベスト(御蔵島は小さいため三宅島を拠点にドルフィンスイムを行うのが一般的)。バードウォッチングは、多くの種類の渡り鳥が立ち寄る4〜5月に。6月は梅雨入り前まで。

ガクアジサイ ▶6〜7月　**ハイビスカス** ▶6〜10月
シチトウスミレ ▶3〜5月　**スカシユリ** ▶6〜8月

ようこそ三宅島へ

豊かな自然に囲まれた三宅島では、釣り・ダイビング・海水浴等のマリンスポーツをはじめ、サイクリング・バードウォッチング・ボルダリングなど、陸上のアクティビティを楽しむ観光客も近年増えています。
●三宅島観光協会のみなさん

初心者から上級者まで楽しめるボルダリング施設、三宅村レクリエーションセンター

新鼻新山 ●にっぱなしんざん

昭和58年(1983)の噴火により岩石や火山灰が積もってできた名所。海側が削られ火山の断面がよく観察できる。

　ワンポイント 雄山中腹より山頂方面は条例により入域が厳しく規制されている。島のほぼ全土が国立公園のため、ルールを守るように。

島での過ごし方
溶岩が生んだ絶景を巡る

1日目
午前＊夜半に竹芝を出発。早朝着くので仮眠を
22:30の大型客船に乗り、翌朝5:00に島に到着。まずは宿にアーリーチェックインして仮眠を。海の状況により停泊する港は変更になるので注意を。
午後＊レンタサイクルで名所巡り
阿古地区の観光協会で電動自転車を借り、メガネ岩、阿古小中学校跡、伊豆岬などのスポットへ。

2日目
午前＊森林を歩き野鳥を観察
レンタカーに乗り、まずは新鼻新山へ。三宅島自然ふれあいセンター・アカコッコ館を拠点に自然散策・野鳥観察を。
午後＊天然のプールで磯遊び
岩で囲まれた天然のタイドプール・長太郎池へ。潮の満ち干きでさまざまな海洋生物が観察できる。

3日目
午前＊おみやげ探し&クラフト体験
島の幸をおみやげに。クラフト体験ができる施設もあるので、事前に予約をしておこう。
午後＊午後の大型客船で東京へ
上り便の大型客船が入港する港は約2時間前に決定し、東海汽船の公式HPで発表される。タクシーを事前予約し、時間に余裕をもって港へ向かおう。

メガネ岩 ●メガネいわ

かつては2つの洞口が並んでいたが、昭和34年(1959)の伊勢湾台風で片方が壊れてしまった。

アカコッコ

伊豆諸島や吐噶喇列島など限られた地域にしか生息しない野鳥で、なかでも三宅島では多く観察される。スズメより大きくハトより小さい。胸部や腹部の赤褐色が特徴で、国天然記念物に指定されている。三宅島自然ふれあいセンター・アカコッコ館で詳しい生態について学ぶことができる。

アシタバ(明日葉)

伊豆諸島に自生するセリ科の野草で、「今日摘んでも明日には新芽を出す」と言われるほど生命力の強い植物。伊豆諸島では大事な栄養源として、また、おいしい地野菜として昔から親しまれており、そのためか島には元気なお年寄りが多いのだとか。

富賀浜 ●とがはま

テーブルサンゴの群集が見られるポイントとしては伊豆諸島でいちばん美しいともいわれるダイビングスポット。

伊豆岬 ●いずみさき

明治42年(1909)に建造された純白のランプ式無人灯台がシンボル。岬の周囲には灯台以外に明かりがないので、星空観賞のスポットとしても人気。

往古、火の物語があった。伊豆諸島

三宅島

写真提供：三宅島観光協会

東京
34

海ではイルカ、陸では巨木と出会う

御蔵島 ●みくらしま

一帯が原生林に覆われ、水資源も豊富な美しい自然の島

イルカウォッチング

島の周囲には野生のミナミハンドウイルカが100頭ほど生息。高い確率でイルカに会うことができる。イルカ保護のため、3月15日～11月15日に限られている。

ハンドウイルカの群れが周囲を泳ぐ 手つかずの森に覆われた島

　東京の都心部から南へ約200kmの洋上に浮かぶ、こんもりとした円形の島。沿岸部にビーチと呼べるような浜辺はなく、最高で480mもの切り立った断崖に囲まれ、中央に標高851mの御山などの峰々が連なる。島の大半はツゲやクワ、シイなどの巨樹の原生林に覆われている。商店がわずか数軒の小さな集落が北部にある。巨木の森でトレッキングを楽しむ場合、ほとんどのコースはガイドの同行が必要。4～5月頃には島固有種のニオイエビネランの可憐な花をえびね公園などで楽しめる。

竹芝桟橋・八丈島
御蔵島港
みくらしま観光案内所
御山登山口
ウラン根
黒崎高尾山
川田の滝

イルカの見える丘
ヘリポート
タンテイロコース
御蔵島村役場
ふくまる商店
川田の滝
鈴原湿原
御山
長滝山
えびね公園
御代ヶ池
稲根神社

御蔵島

スバル岩
御蔵島村

0 1km
N

　ワンポイント　島内には宿が8軒と村営のバンガローが6棟あり、宿泊の予約をしていない場合は御蔵島に上陸できない。

島のキホン

東京都御蔵島村　**面積** 約21㎢　**周囲** 約16km
人口 約320人(平成30年8月)　**最高標高** 851m(御山)
問い合わせ先 御蔵島観光協会　☎04994-8-2022

島への行き方

竹芝桟橋	大型客船で約7時間30分
三宅空港	ヘリコミューターで約10分

→ 御蔵島

東海汽船の八丈島航路を利用する。竹芝桟橋から三宅島、御蔵島、八丈島の3島を1日1往復(夏季の上り便は大島にも寄港)。22:30に竹芝を出航し、翌朝6:00に御蔵島着。ただし、就航率が低いため注意が必要。空港は調布飛行場から三宅島(新中央航空1日2〜3便)、または羽田空港から八丈島(ANA1日3便)に移動し、そこからヘリコミューター「東京愛らんどシャトル」を利用する。

おすすめの季節はいつ?

3〜11月はドルフィンスイムのシーズン
宿泊先の確保は余裕をもって済ませておきたい

ハイキングは基本的に通年楽しめるが、ほとんどのコースでガイドの同行が必要。幹周り14mのスダジイを見る南郷コースをはじめ、山岳からの展望を楽しむコース、都道村道から海側へ下りるコース、森林浴が楽しめるコースなど、島内に10種類のハイキングコースがある。
ニオイエビネ▶4〜5月　ハコネコメツツジ▶5〜6月

島での過ごし方
イルカウォッチングを満喫

1日目
午前＊竹芝桟橋旅客ターミナルから出発
竹芝桟橋から22:30発の大型客船に乗り、早朝6:00御蔵島に上陸。宿は御蔵島港の徒歩圏内にあるので、まずはチェックインし仮眠や荷物の整理を。
午後＊御蔵島港からすぐ近くのイルカの見える丘へ
集落から徒歩約7分のイルカの見える丘へ。島名物の玉石がある海岸・たりぼう尻から、運が良ければイルカの群れを見られる。

2日目
午前＊観光案内所で情報収集して
　　　早めに昼食を済ませる
みくらしま観光案内所で島の最新情報を手に入れ、イルカウォッチングに備える。カレーなど軽食が食べられる「ふくまる商店」で昼食をとる。
午後＊イルカウォッチング・ドルフィンスイムを楽しむ
宿泊先で予約を入れたイルカウォッチング船クルーズへ。野生のミナミハンドウイルカと楽しい時間を過ごす。

3日目
午前＊集落からすぐ近くのハイキングスポットへ
出港前まで、ガイド同行が不要であるタンテイロコースでハイキング。巨樹が生い茂る森が広がる。
午後＊東京への帰路に
出港は12時台の便。時間に余裕をもって港周辺に着いていたい。

太平洋に浮かぶひょうたん型の島

八丈島
●はちじょうじま

南原千畳敷は、八丈富士が
噴火し流れ出た溶岩が海に流
れ落ちてできた溶岩台地

往古、火の物語があった。伊豆諸島

八丈島

山と海のアクティビティが満載
南国の花が咲き誇る亜熱帯の島

2つの山が両端にそびえるひょうたん型の姿から、テレビ人形劇「ひょっこりひょうたん島」のモデルともいわれる島。八丈富士や三原山へのトレッキング、あるいは八丈植物公園で、季節の花々に出会うのもいい。八丈ブルーと呼ばれるマリンブルーの海でのダイビングやシュノーケリング、豊富な温泉も楽しめる。春は旬のトビウオが味わえる季節でもある。

年間を通して温暖な気候に恵まれる。3月頃になると、八丈富士山麓にある大賀郷の八形山(はちがたやま)フリージア畑が、フリージアの赤や黄色、紫、白、ピンクの鮮やかな色で埋め尽くされる。

横間ヶ浦から望む小島の夕景は見事

写真協力・一般社団法人八丈島観光協会

119

島のキホン

東京都八丈町 **面積** 約69㎢ **周囲** 約59km **人口** 約7200人（令和3年7月） **最高地点** 854m（八丈富士）
問い合わせ先 八丈島観光協会 ☎04996-2-1377

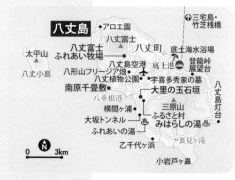

八丈島

アロエ園
八丈富士
八丈富士ふれあい牧場
太平山
八丈町
底土海水浴場
登龍峠展望台
八丈島空港
底土港
八形山フリージア畑
宇喜多秀家の墓
八丈植物公園
大里の玉石垣
八丈小島
南原千畳敷
八重根港
八丈島灯台
横間ヶ浦
三原山
大坂トンネル
ふるさと村
みはらしの湯
ふれあいの湯
乙千代ヶ浜
裏見ヶ滝
小岩戸ヶ鼻
三宅島・竹芝桟橋

N 0 3km

島への行き方

竹芝桟橋 大型客船で約10時間30分 → **八丈島**
羽田空港 飛行機で約55分

東京の竹芝桟橋から八丈島の底土港まで、東海汽船の大型客船が1日1往復運航。竹芝桟橋を22:30に出発し、三宅島、御蔵島を経由して翌朝8:55に八丈島に到着する。羽田空港からはANAの直行便が1日3往復運航している。

おすすめの季節はいつ?

一年中美しい花が見られるが
なかでもおすすめの花の季節が春

3月下旬〜4月上旬にフリージアの花畑が見頃を迎え、それに合わせて八丈島フリージアまつりが開催される。ハイビスカスは夏の花のイメージだが、八丈島では5月から咲き始める。夏の花火大会やサマーコンサートをはじめ、年間を通してイベントも多く開催される。
フリージア▶3月下旬〜4月上旬　**ハイビスカス▶**5〜10月
ストレチア▶通年　**八丈島納涼花火大会▶**8月中旬

フリージアまつりのメイン会場は八形山フリージア畑

ようこそ八丈島へ
八丈島の春の風物詩であるフリージアまつりは半世紀以上の伝統があり、春の香りに包まれて35万株もの色とりどりのフリージアが花畑一面に咲き誇ります。
●八丈島観光協会のみなさん

暗闇で光るきのこ
●くらやみでひかるきのこ

ヤコウタケをはじめとする発光きのこが日本で最も多く生息しているのが八丈島だ。八丈植物公園では夏の夜に無料観察会を実施している。問い合わせは八丈ビジターセンター（☎04996-2-4811）へ。

大坂トンネルの展望 ●おおさかトンネルのてんぼう

写真は大坂トンネルを抜けた駐車場からの展望。三原山の峰が横間海岸に迫り、海の上には八丈小島がくっきりと見える。

✓**ワンポイント**　ダイビングポイントの多さは伊豆諸島で随一。黒潮の影響で、大型回遊魚やウミガメとの遭遇率も高い。

八丈富士ふれあい牧場 ●はちじょうふじふれあいぼくじょう

八丈富士の中腹に広がり、牛と青空、海を見ることができる。

ヘゴの森 ●ヘゴのもり

八丈島はヘゴシダの自生地の北限で天然記念物に指定されている。ハイキングにはガイド必須なので注意。

大里の玉石垣 ●おおざとのたまいしがき

かつて島の政治中心地であった陣屋跡には美しい玉石垣が残る。

みはらしの湯 ●みはらしのゆ

海抜94mの高台にあり、海と山の景色を見ながらくつろげる名物露天風呂。

島での過ごし方
海に山に温泉、絶景の島旅

1日目

午前＊東京・竹芝桟橋を出て、八丈島に朝到着
8:55に八丈島の底土港に到着したら、早速レンタカーを借りてドライブへ出発。
午後＊絶景を求めて爽快ドライブ
登龍峠展望台や南原千畳敷など、八丈富士や太平洋が望める絶景ポイントを巡る。ラストを飾るのは夕日の名所、大坂トンネルの展望。

2日目

午前＊山あいの牧歌的な風景のなかでのんびり
八丈富士の中腹にあるふれあい牧場で、八丈島の牛にごあいさつ。山の牧場ののどかな景色を楽しむ。
午後＊観光と絶景温泉で八丈島を満喫
八丈植物公園やふるさと村などの見どころを巡ったあと、絶景の日帰り温泉「みはらしの湯」へ。広大な海を眺めながら湯に浸かり、旅の疲れを癒やす。

3日目

午前＊朝出発のフェリーに乗って島にお別れ
底土港9:40発の竹橋桟橋行きフェリーで帰途につく。1日1便のみなので、乗り遅れに注意。

写真協力：一般社団法人八丈島観光協会

東京
36

雄々しい姿をした絶海の孤島

青ヶ島 ●あおがしま

上空から島を眺めるためには、八丈島との往路か復路で「東京愛らんどシャトル」のヘリコプターを利用する。通常の空路で見える景色は写真のような角度になる

日本一人口が少ない村は
太平洋に浮かぶ東京都帰属の離島

　東京都心から南へ約360km、伊豆諸島最南端に位置する有人島。要塞を彷彿させる断崖に覆われた地形をしており、二重式カルデラ火山の8合目から上が「島」となっている。天明の大噴火（天明5年(1785)）で無人化したが、今では約170人が暮らしている。最高所は外輪山の大凸部（標高423m）で、内輪山である丸山など周囲が一望できる。火山島のため、水蒸気が噴出する噴気孔が数多くあり、その熱を利用したサウナや地熱釜は今でも利用されている。気象の影響を受けやすく、ヘリコプターや船で上陸できる確率は低い。

尾山展望公園 ●おやまてんぼうこうえん

標高約400mから360度の島の展望が楽しめる。雲のない夜は、公園が星空に包まれる格別なひとときを満喫できることも。

ワンポイント　島の中心部に民宿が6軒、キャンプ場が1カ所ある。島に食堂はないので、民宿は1泊3食付きが基本だ。

島のキホン

東京都青ヶ島村 [面積] 5.96km² [周囲] 9.4km
[人口] 約170人(令和元年8月) [最高地点] 423m(大凸部)
[問い合わせ先] 青ヶ島村役場 📞04996-9-0111

島への行き方

[羽田空港]
↓ 飛行機で約55分
[八丈島空港]
↓ ヘリコミューターで約20分
[青ヶ島]
青ヶ島と八丈島を結ぶヘリコミューター「東京愛らんどシャトル」は定員9名のため、早めの予約を。天候次第では島への上陸ができない場合もある。フェリーの場合、東京・竹芝桟橋から八丈島へ向かい(所要約10時間30分)、あおがしま丸に乗り換え青ヶ島を目指す(所要約3時間)。島内に公共交通機関はなく、レンタカーを利用するか宿に相談を。

0   1km

・ジョウマン共同牧場
・青ヶ島ヘリポート
還住像・ ●青ヶ島村役場
尾山 ・佐々木次郎太夫
展望公園   屋敷跡
大凸部・   **青ヶ島**
地熱サウナ・ ・丸山   青ヶ島村
↖青宝トンネル
↙青ヶ島港 ← 八丈島

おすすめの季節はいつ?

温暖で蒸し暑い南洋の島
台風や梅雨の影響を受け天候は荒れやすい

年間平均気温は10〜25℃程度、一年を通して湿度は高いが、居住地区は高台にあるため過ごしやすい。台風が多い秋、海が荒れやすい冬、霧が発生しやすい梅雨の時季は島へのアクセスも困難を極めるのでプランニングには注意したい。島が最も賑わうのは、夏祭りである「牛祭り」が開催される8月10日前後。
サツマイモ▶11月   島きゅうり▶6〜9月

ようこそ青ヶ島へ

人口170人ほどの青ヶ島村。空から見た写真は雄大ですが、村を歩くと鳥の鳴き声や青々とした植物に囲まれた小さな離島の暮らしがあります。自然の力で予定どおりにいかないことも「らしさ」と楽しんでいただけると幸いです。
●青ヶ島村役場 小林さん

島での過ごし方
島を巡り自然と歴史を知る

[1日目]
午前＊まず羽田から八丈島へ向かう
羽田を朝出発し、八丈島を経て青ヶ島に到着。
午後＊レンタカーで島の風景を見に行く
レンタカーを借りて島内を巡る。岡部地区にある尾山展望公園や大凸部などを巡り、丸山など島の景色を見学。夜は島北部のジョウマン共同牧場から星空を楽しみたい。

[2日目]
午前＊島の歴史を伝えるスポットを巡る
還住像や佐々木次郎太夫屋敷跡を見学。佐々木は天明の大噴火後に島の復興を図った中心人物だ。
午後＊島内にあるお店に立ち寄り
島内唯一の店を訪れ、おみやげ探し。地熱を利用したサウナにも行きたい。夜は居酒屋で島名物を。

[3日目]
午前＊八丈島を経由して東京へ戻る
空路、航路も天候次第。延泊を含め余裕のある日程を。

青酎
●あおちゅう
物資が少なかった頃、各家庭で焼酎を造ったことが起源。今も昔ながらの製法を守る銘柄もある希少な焼酎。

ひんぎゃ
水蒸気が噴出している場所を「火の際」が訛って「ひんぎゃ」と呼ぶ。好きな食材を入れるだけで蒸し料理ができる地熱釜が名物。

もっと知りたい島のこと

東海汽船に乗って伊豆諸島へ
島々をめぐる旅 東海汽船

飛行機や高速船もいいけど、大型客船で行くのんびりとした船旅も楽しみのひとつ。
船から見える絶景を写真に収めながら、自由な時間を過ごしてみてはいかが。

朝焼けの伊豆大島。
4時半～6時頃、島に到着する
前に朝日が昇る

旅情を誘う大型客船
東海汽船で離島を目指す

　東京から伊豆諸島へ行く際の主な移動手段として大切な役割を果たす東海汽船。目的の島まで短時間で行けるジェット船はもちろん、ゆっくりだがジェット船に比べると低価格の大型客船も魅力的だ。大型客船は東京～伊豆大島～神津島を結ぶ「さるびあ丸」と東京～三宅島～八丈島を結ぶ「橘丸」が就航しており、東京発の便はいずれも夜行船。22～23時頃に東京・竹芝を出航すると船の上で日付が変わり、島に到着するまで食事をしたり客室で寝たりと自由に過ごすことができる。ゆっくりと移り変わる海景色を楽しむのも船旅の醍醐味だ。

旅のキホン

問い合わせ先 東海汽船
☎03-5472-9999／0570-005710

※運航スケジュールや料金は変更する場合がありますので、事前にHPなどでご確認ください

大型客船のお楽しみ～さるびあ丸の場合～

島の味も楽しめる
種類豊富な食事

レストランのオリジナルメニューも名物。各フェリー会社の大型客船では、島の特産品を使ったメニューを提供することが多い。

㋐明日葉カレー 1000円。
伊豆諸島特産のアシタバを使ったカレー

㋑展望の良い広々としたレストラン。注文は券売機式

㋒島海苔塩ラーメン1000円。島海苔の磯の香りと塩味がマッチした一品

㋓ 揚げたてカレーパン300円。船内で揚げたてのアツアツが食べられる

124

東京・竹芝を出航後まもなく、レインボーブリッジを通過する

東京・竹芝
横浜大さん橋

大島
利島
式根島　新島
神津島
三宅島
御蔵島
八丈島

太平洋

0　　　50km

―― さるびあ丸
―― 橘丸

さるびあ丸の展望デッキで、記念撮影を楽しみたい

島々の険しい地形を一目できる。写真は利島

大型客船をチェック！

さるびあ丸 ●さるびあまる

2020年6月に新造船がデビュー。船体カラーリングデザインは、美術家の野老朝雄氏が担当

橘丸 ●たちばなまる

黄土色の船体にオリーブ色が配色された大型客船。画家・柳原良平氏がカラーリング

客室もさまざま
好みのタイプを選べる

予算に応じて客席を選べるのがうれしい。シートタイプと和室からなる2等の運賃は、東京〜大島間で5000円前後。

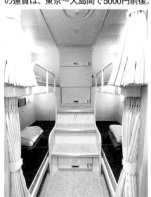

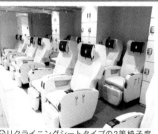

↑リクライニングシートタイプの2等椅子席。ロールカーテンで隣席との仕切りが作れる

↑2段ベッドタイプの特2等室。カーテンを閉めればプライベートな空間を確保できる

↑定員4〜18名の2等和室。顔の部分はパーテーションで仕切られている

展望デッキで
海の景色を満喫！

展望デッキで心地よい潮風を浴びながら海を眺めつつ、夜景を撮影したり語らいあったりと、思い思いの時間を。

↑広々とした6階デッキは屋根付き
↓各フロアに飲み物や軽食の自販機がある。デッキで味わうカップ麺は格別！

125

広島／愛媛
37

瀬戸内海の島々を7つの橋が結ぶ

しまなみ海道

大島の南にある亀老山展望公
園から望む来島海峡大橋。し
まなみ海道を象徴する風景だ

来島海峡の一帯は
潮流が急なことで
有名。観潮船や
潮流体験船で間近
に見ることができる

瀬戸内の潮風を感じながら走る
佳景のサイクリングロード

　広島県尾道市と愛媛県今治市を結ぶ全長約70kmの架橋ルート。正式名称は西瀬戸自動車道という。主に6島(向島・因島・生口島・大三島・伯方島・大島)を通り、各島を機能性と美しさを併せ持つ架橋で結んでいる。最大の特徴は、ほとんどの橋に自転車歩行者道とバイク道が併設されていることで、サイクリングコースとして世界的な人気を誇る。洋ランやシクラメンの栽培で知られる向島、除虫菊や自転車の神様で有名な大山祇神社のある因島、レモンの生口島、神の島・大三島、製塩業の伯方島、大島石の大島など個性豊かな島々を走り抜ける。

127

アップダウンの激しい道があったり、潮風が強いことも。自転車の点検はしっかり行っておきたい

村上海賊
●むらかみかいぞく

14世紀中頃から、実際に芸予諸島で活躍していた日本最大の海賊。海の難所とされる瀬戸内海の水先案内人や、海外諸国との貿易、漁業などを行っていた。因島水軍城（写真）では貴重な資料を見ることができる。

島での過ごし方
尾道から自転車で縦断に挑戦

1日目
午前＊尾道で自転車を借りて出発
レンタサイクルステーションは尾道駅前の尾道港にある。まずは船で向島へ渡り、因島大橋を渡って因島へ。名物のお好み焼「いんおこ」などで昼食を。

午後＊生口島で観光＆柑橘スイーツ
生口島に渡ったら、古刹や博物館巡りを楽しみたい。瀬戸田のレトロな商店街や、ビーチの美しい景観も魅力。お店が閉まらないうちに、テイクアウトの柑橘スイーツも味わいたい。この日は生口島に宿泊。

2日目
午前＊ここから愛媛県。大三島では古社にお参り
大山祇神社は大三島の宮浦地区にあり、伯方島への道とは逆方向なので注意。大三島を出発後は、時間に余裕がなければ伯方島はそのまま通過し、大島へ。新鮮な魚介のランチで腹ごしらえ。

午後＊絶景を堪能し、今治市街へ向かう
大島南端の亀老山展望公園で、来島海峡大橋の眺望を写真に収めよう。そこから1時間ほど走ると、今治市街に到着する。時間に余裕があれば今治城を見学したい。

ワンポイント　自転車は尾道駅や今治駅周辺、各島でレンタルでき、事前に予約可能な施設もある。ゴールデンウィークなどは早めの予約を。

サイクリング

瀬戸内を縦断するしまなみ海道は、島と島を結ぶ橋にはサイクリングロードが整備されており、今やサイクリストの聖地。美しい島々や海を眺めつつ走る爽快なサイクリングはぜひ体験したい。自転車は各地区のレンタサイクルターミナルで借りることができる。ただ、初心者が1日で縦断するのは難しいため、途中までフェリーで行くか、どこかの島で1泊するのがおすすめ。

島のキホン

広島県尾道市、愛媛県今治市、越智郡上島町

面積 大三島約65km²、大島約42km²、生口島約31km²、向島約22km²など **周囲** 大三島約89km、大島約50km、生口島約34km、向島約28kmなど

人口 大三島約5200人、大島約5700人（令和3年3月）、生口島約7800人、向島約1万4000人（令和3年6月）など

最高地点 大三島436m（鷲ヶ頭山）、大島382m（念仏山）、生口島472m（観音山）、向島283m（高見山）など

問い合わせ先 尾道観光協会 ☎0848-36-5495 今治地方観光協会 ☎0898-22-0909

島への行き方

尾道港	船で約5分	→	向島
	船で約20分	→	因島（重井東港）
	船で約40分	→	生口島（瀬戸田港）
今治港	船で約55分	→	大三島（宗方港）
	船で約40分	→	伯方島（木浦港）
	船で約20分	→	大島（友浦港）

各島の間にも航路がある。バスの場合は、尾道〜今治間を、因島大橋で乗り継ぐ路線が運行されている。ドライブも人気だが、出入り方向が制限されたハーフインターに注意しよう。

おすすめの季節はいつ？

自転車旅に快適なのは春・秋

四季折々の景色が楽しめ、冬でも気候が比較的穏やかなのが魅力。秋から冬にかけては名産の柑橘類が多く出回る季節だ。サイクリングをするなら春や秋がおすすめ。夏場は熱中症対策を十分にして臨みたい。夜間のサイクリングは控えたい。

ハッサク▶2〜4月 温州ミカン▶10〜3月 レモン▶1〜5月
※グリーンレモンは10〜12月

向上寺の三重塔は国宝。瀬戸内の穏やかな景色に溶け合う

生口島 ●いくちじま

特産のレモンのほかに、名刹の向上寺、平山郁夫美術館や耕三寺などの文化的見どころがあり、小さな島に魅力が凝縮。点在する野外彫刻がアートな雰囲気を醸す。

向島 ●むかいしま

尾道市街と尾道水道を挟んで向かい合っており、渡船ですぐに渡ることが可能。大林宣彦監督の映画のロケ地を巡るファンも多い。

←向島洋らんセンターでは、花と芝生の「憩の広場」で休憩を

柑橘スイーツ
●かんきつスイーツ

特産の柑橘類をふんだんに使用したスイーツが名物。ジェラートやはっさく大福、レモンケーキなどが代表的だ。素材の味が楽しめるジュースやジャムもおすすめ。

↑国産レモン発祥の地で、島のあちこちで果樹が見られる

↑大三島との間に架かる多々羅大橋。「鳴き龍」現象の体験にも注目
提供：今治地方観光協会

大三島 ●おおみしま

芸予諸島で最も大きな島。古社・大山祇神社や製塩工場、さまざまなミュージアムなど、見どころは豊富。ランチには食堂で新鮮魚介を。

↓多くの人々の信仰を集める大山祇神社。宝物館では国宝も展示

！ワンポイント　尾道から今治まで自転車で走破すると約70㎞の距離になる。一日で走りきるのはなかなか大変なので、途中1泊がおすすめ。

因島 ●いんのしま

「水軍と花とフルーツの島」として知られ、しまなみ海道の尾道側から2番目の因島大橋が架かる。島には観賞用に栽培された除虫菊畑が点在し、5月には美しい白い花を咲かせる。

大島 ●おおしま

最も四国寄りに位置。四国本島との間に来島海峡大橋が架かり、これを望む亀老山展望公園は人気の眺望スポット。よしうみバラ公園や、村上水軍関連の施設もある。

⬆かつて能島村上水軍が本拠を構えた。村上海賊ミュージアムでは、古文書や工芸品、小型船の復元模型を展示している
⬅よしうみバラ公園は世界各地のバラが見られる名所

ようこそしまなみ海道へ

しまなみ海道は、アメリカCNNの「世界7大サイクリングロード」に選ばれ、海外からも大変注目されています。サイクリング経験のレベルに関わらず、どなたでも素晴らしい景色を体験していただけます。
●しまなみジャパン 新工靖さん

気になる！ しまなみ海道 橋ものがたり

最も早く開通したのが大三島橋で、昭和54年(1979)のこと。当時は日本最長のアーチ橋だった。その後、同58年(1983)に2段構造が特徴的な因島大橋に、同63年(1988)に桁橋と吊り橋を組み合わせた伯方・大島大橋が、1991年に斜張橋の生口橋が開通。広島県側、愛媛県側の島々がそれぞれ結ばれた。それから8年後の1999年に、新尾道大橋、多々羅大橋、来島海峡大橋が開通。尾道から今治までが一本の道でつながった。

伯方島 ●はかたじま

昔から製塩業が盛んな島。レストランやショップには塩を使ったグルメやおみやげが揃っている。造船・海運業も島を代表する産業のひとつ。多々羅大橋、伯方・大島大橋、大三島橋を望む開山公園は、桜の名所でもある。

131

独特な生態系を有する自然の宝庫

隠岐諸島 ●おきしょとう

赤壁が特徴的な
中ノ島の明屋海
岸。エメラルドブ
ルーの海と、対照
的な色彩が美しい

火山活動に影響された隠岐諸島
多彩な動植物や文化が息づく

　大山隠岐国立公園にある隠岐島とは隠岐諸島のことで、大小180以上の島々から構成される。そのうち有人島は4つあり、島前の3つの島(西ノ島、中ノ島、知夫里島)と島後からなる。また後鳥羽上皇や後醍醐天皇が配流された地としても知られ、島前には史跡や資料館が点在する。ユネスコ世界ジオパークに認定されており、火山活動の記録が残る摩天崖や夕日が灯るローソク島などにその景観が味わえる。なかでもオキノウサギや島後に生息するオキシャクナゲなど、本土とは異なる固有種が多く生息し、貴重な生態系を見せている。

遠い波音を聴く多島という美景

隠岐諸島

知夫里島にある標高325mの赤ハゲ山展望台。頂上からは島前や島後の島々、晴れた日には本州が眺められる

隠岐諸島

島後

白島崎
ローソク島・
大峯山
葛尾山
隠岐の島町
大満寺山
壇鏡の滝・
・隠岐モーモードーム
那久岬・
⚓西郷港
隠岐世界ジオパーク空港✈

0　5km
N

島前
東国賀海岸
大森島
別府港
菱浦港・
明屋海岸
松島
通天橋
国賀海岸
焼火山
家督山
西ノ島
西ノ島町
中ノ島
海士町
赤灘の瀬戸
赤ハゲ山
赤ハゲ山展望台
来居港
知夫里島
知夫村

日本海

⚓七類港・境港　⚓七類港　境港⚓

島のキホン

島根県隠岐郡西ノ島町、知夫村、海士町、隠岐の島町
面積 西ノ島約56㎢、知夫里島約33㎢、中ノ島約33㎢、島後約243㎢ **周囲** 西ノ島約116km、知夫里島約27km、中ノ島約89km、島後約210km **人口** 西ノ島約2700人、知夫里島約630人（令和3年6月）、中ノ島約2200人（令和2年4月）、島後約1万4000人（令和3年6月）
最高地点 西ノ島452m（焼火山）、知夫里島325m（赤ハゲ山）、中ノ島242m（家督山）、島後608m（大満寺山）
問い合わせ先
隠岐観光協会　☎08512-2-1577

島への行き方

松江（七類港）	フェリーで約2時間25分	→	島後（西郷港）
境港	フェリーで約2時間40分	→	西ノ島（別府港）
出雲縁結び空港	飛行機で約30分	→	隠岐世界ジオパーク空港

本土から隠岐諸島への主な交通手段は、フェリーと高速船。目的地と出発時刻に合わせて選びたい。便によっては停泊しない港もあるので注意。飛行機の場合、島根・出雲縁結び空港および伊丹空港からは1日1便のみ。4島間を移動する場合、フェリーや高速船のほかに、島前の3島を移動する内航船が運航している。

おすすめの季節はいつ？

四季を通じて魅力的な島
遊覧船やマリンスポーツは開催時期を要チェック

冬は海が荒れることが多いため、アクティビティを楽しむなら春から秋がおすすめ。海鮮や隠岐牛などのグルメは通年でも楽しめる。隠岐は豊かな生態系でも知られ、特に島後では固有種であるオキシャクナゲや、12月まで咲くアジサイなど、四季を通して植物が楽しめる。
アワビ ▶ 通年　岩ガキ ▶ 3〜6月

ようこそ隠岐諸島へ
なぜ、天皇が2人も配流となったのか？なぜ北方系と南方系の植物が共存し、12月までアジサイが色鮮やかなのか？こうした謎を紐解く旅を体験しませんか。
●隠岐ユネスコ世界ジオパーク推進協議会
事務局長 野邉一寛さん

壇鏡の滝 ●だんぎょうのたき

那久川の上流から、高さ50mの雄滝と40mの雌滝が流れる。雄滝は裏側から見ることもできる。（島後）

隠岐牛突き ●おきうしつき

約800年の伝統があり、日本最古の歴史を誇る闘牛。年に3回の本場所大会のほか、観光牛突きも催される。（島後）

ワンポイント 民宿やホテルは各島に点在しており、港周辺や観光スポット付近の宿など、滞在の目的に応じて選ぶことができる。

国賀海岸 ●くにがかいがん

海に向かって垂直にそびえ立つ、海抜257mの巨大な絶壁・摩天崖からの見事な眺望を楽しめる。崖の側面をよく見ると、しま模様のような層の色の違いから、この一帯が火山の度重なる噴火によってできていることがわかる。(西ノ島)

ローソク島 ●ローソクじま

岩の先端に夕日がさしかかる瞬間は、息をのむほど神秘的で、遊覧船でしか見ることができない。隠岐の島町観光協会で予約可能(3000円、4〜10月催行)。(島後)

通天橋 ●つうてんきょう

もともとは洞窟だったが、波の浸食作用により周囲の岩石が崩れ落ち、アーチ状に形成された奇岩。(西ノ島)

島での過ごし方
火山に由来する神秘の島を探検

1日目
午前＊フェリーで西郷港へ
七類港を出発し、島後の西郷港に到着。車での移動がメインになるので、レンタカーや観光タクシーを利用しよう。エリアによっては定期観光バスが運行している。自転車をレンタルしてサイクリングを楽しむならe-bikeがおすすめ。
午後＊ローソク島で夕日を観賞
遊覧船に乗ってベストビューポイントへ。海上に切り立つ岩に、夕日がゆっくりとさしかかる絶景は感動もの(要予約)。島後泊。

2日目
午前＊光がきらめく美しい海を観賞
フェリーで中ノ島に行き、明屋海岸へ向かう。女神がお産をした場所として伝説が残り、眺めるだけで神聖な気持ちになれる。
午後＊西ノ島の名勝スポットを巡る
フェリーまたは内航船で西ノ島に移動。摩天崖や通天橋などを訪れたい。ダイナミックな地球の姿を体感しよう。西ノ島泊。

3日目
午前＊赤ハゲ山展望台を目指す
早朝の内航船で知夫里島へ。展望台の頂上からは360度のパノラマが視界いっぱいに広がり、島前や島後が望める。10時台のフェリーで知夫里島を出発し、昼過ぎには境港に到着。1日目の出発地である七類港と帰着港が違うので注意。

国境の島の中央に美しい入り江が広がる

対馬 ●つしま

烏帽子岳展望所から入り組んだ入り江と海に小さな島々が浮かぶ浅茅（あそう）湾を一望

島の北端にある韓国展望台から釜山の夜景を望む。国境の島であることを実感

霊峰の頂や海抜0mから
複雑なリアス地形を楽しむ

朝鮮半島まで直線距離で約50km。古くから大陸と日本との交流の中継地として重要な役割を担った対馬。ほぼ全域がリアス地形となっており、特に島の中央の浅茅湾は無数の小島と複雑な岬が織りなす美しい風景で知られる。

湾の北側にある烏帽子岳の展望台が、車でアクセスしやすくおすすめのビューポイント。また、白嶽山頂で出会える大パノラマはハイキングの苦労もあり感動もひとしお。そのほか、クルーズやシーカヤックで海上から眺めるのもおもしろい。湾周辺には古い歴史を持つ和多都美神社などの史跡も多く点在する。

ようこそ対馬へ

数ある特産品のなかで、私が特におすすめするのが「対馬蜂蜜」です。ニホンミツバチのみが生息する対馬で、自然養蜂された貴重なハチミツです。
●対馬観光物産協会 上野さん

島のキホン

長崎県対馬市
面積 約696km² **周囲** 約833km
人口 約2万9000人（令和3年6月、属島を含む）
最高地点 648m（矢立山）
問い合わせ先 対馬観光物産協会
☎0920-52-1566

島への行き方

| 博多港 | ジェットフォイルで 約2時間15分 | 対馬 |

九州郵船の壱岐経由ジェットフォイルは1日2便で南部の厳原港に着く。同じく壱岐を経由するフェリーは所要約4時間40分。壱岐を経由せず北部の比田勝港へ着くフェリーは1日1便、所要約5時間。空路では、福岡空港からANA（一部ORCと共同運航）が1日5〜6便運航、長崎空港からORC（ANAと共同運航）が1日3〜4便運航。島は南北に長く、空港から北端の韓国展望台まで車で約1時間30分かかるため、レンタカーを利用したい。釜山からの国際航路でも厳原港、比田勝港へ入ることができる（2021年7月現在運休中）。

おすすめの季節はいつ？

晴れ間の多い秋がおすすめ
魚介を楽しむなら冬に

暖かい対馬海流の影響で、温暖で雨が多い。冬も平均気温は高いが、大陸に近いため季節風の影響が強く冷え込みが激しい。旅行には雨が少ない10月頃がおすすめ。マリンスポーツを楽しむなら夏で、6〜9月は梅雨と台風で雨が多い。冬は多種の魚が旬を迎えるほか、島南部の豆酘（つつ）でミカン狩りを体験できる。
マサバ▶11〜2月　ウニ▶4〜5月
豆酘のミカン狩り▶11月中旬〜12月中旬

白嶽 ●しらたけ
山頂の白く露出した巨大な石英斑岩は航海の目印にもなり、古くから霊峰として崇められていた。標高518mの山頂からは360度遮るもののないパノラマが広がる。

和多都美神社 ●わたづみじんじゃ
竜宮伝説の残る対馬でも有数の古社。海中に立つ鳥居が、潮の干満によって様相を変える。

金田城跡 ●かねだじょうあと
古くは飛鳥時代に唐や新羅からの侵攻に備え城が置かれた地で、日露戦争時にも要塞が置かれた。1350年前の石垣と美しい浅茅湾が見られる。

地図内表記：
N 0 15km
韓国展望台
泉湾
対馬野生生物保護センター
御岳
比田勝港
博多港
仁田湾
対馬市
対馬
三根湾
和多都美神社
烏帽子岳展望所
万関橋
姫神山砲台跡
浅茅湾
金田城跡
対馬やまねこ空港
白嶽
武家屋敷跡
万松院
厳原港
矢立山
金石城
博多港
豆酘崎
博多港

✐ワンポイント　蒙古襲来時の対馬を舞台とするゲーム『Ghost of Tsushima』が2020年に発売。世界が注目する島になっている。

シーカヤック

人気のアクティビティ。水上からしかたどり着けないビーチや無人島に上陸することもできる。

対馬とんちゃん ●つしまとんちゃん

対馬北部のご当地グルメ。醤油や味噌をベースにしたタレに漬けた豚肉を、野菜と一緒に焼く。韓国の焼肉がルーツ。

ツシマヤマネコ

対馬のみに生息する絶滅危惧種。対馬野生生物保護センターで見ることができる。

島での過ごし方
絶景と古代の伝説を訪ねる

1日目
午前＊空路で対馬に上陸
福岡空港から対馬やまねこ空港へ。空港でレンタカーを借りる。
午後＊烏帽子岳から湾を望む
対馬を南北につなぐ万関橋で浅茅湾と対馬海峡東水道の間を結ぶ水道の荒い水流を眺めたら、烏帽子岳へ。山頂から美しい海岸風景を堪能してから、ほど近い和多都美神社を訪れ参拝。

2日目
午前＊浅茅湾をカヤックでまわる
シーカヤックの体験ツアーに参加。説明を受けたら、美しい浅茅湾へ出発。ガイドの自然や歴史についての説明も興味深い。半日コースは3時間ほど。
午後＊北端の展望所で韓国を見る
十分に休息をとってから、島の北端へドライブ。対馬野生生物保護センターでツシマヤマネコと対面したら、韓国展望台へ。海の向こうにある外国を実感する。

3日目
午前＊街なかで歴史散策
厳原市街へ戻り、万松院をはじめ歴史を感じるスポットを散策。帰りの便に合わせて空港へ向かう。

多くの歌人を魅了した穏やかな海と島々

松島 ●まつしま

ようこそ松島へ
松島湾を囲む各市町にある展望所から眺めるのもいいですが、松島町では五大堂のように朱塗りの橋が架かる福浦島や雄島の橋巡りをするのもおすすめ。
●松島観光協会 村山さん

個性的な小島が浮かぶ松島湾の さまざまな表情を楽しむ

　穏やかな松島湾に浮かぶ大小260余りの島々。松が覆う緑の島々が海の青に映え、実に鮮やかなコントラストを見せる。古くから歌枕として多くの和歌に登場し、松尾芭蕉の『おくのほそ道』でそのあまりの美しさに句が詠めなかったというエピソードも有名。松島湾を囲むように多くの景勝スポットがあるが、なかでも松島四大観と呼ばれる4つの展望所は、「壮観」の大高森、「麗観」の富山、「偉観」の多聞山、「幽観」の扇谷と讃えられる。湾を巡る遊覧船で、多彩な形、大きさの島々を間近で楽しむこともできる。

島での過ごし方
日本を代表する景勝地を名物グルメとともに

1日目

午前＊仙台駅から松島へ
仙台駅から約50分のドライブで松島へ。到着したら、地元名産の穴子やカキをいただこう。

午後＊松島湾クルーズと名所散策
観光船に乗って、海上から松島湾の眺めを楽しむ。そのあとは、観光船乗り場近くの名所を巡る。五大堂など伊達政宗公ゆかりのスポットが点在している。松島温泉の宿に泊まり、のんびりと過ごす。

2日目

日中＊ドライブでビュースポット巡り
奥松島と呼ばれる宮戸島にある大高森へ。海に浮かぶ島々や、船の往来を眺める。途中には富山の近くも通る。松島湾とは違い荒々しい岸壁が広がる奥松島の嵯峨渓クルーズもおすすめ。満喫したら帰路へ。

ワンポイント　松尾芭蕉の足跡をたどるなら、彼と同じように塩釜港から船で松島へ向かうのもおすすめ。無数の島々のなかを進んでいく。

クルーズで島々を間近に見ながら、湾を周遊する

東松島市宮戸島の中央にある大高森からは、南東に嵯峨渓、西から南にかけて松島湾、そのほか金華山や栗駒山も眺められる

島のキホン

宮城県東松島市、宮城郡松島町、宮城郡利府町、宮城郡七ヶ浜町、塩竈市　**面積** 宮戸島7.39㎢、寒風沢島1.45㎢、桂島0.67㎢など　**周囲** 宮戸島約15㎞、寒風沢島約14㎞、桂島6.8㎞など　**人口** 宮戸島約470人(令和3年3月)、寒風沢島92人、桂島約110人(ともに令和3年6月)など　**最高地点** 宮戸島105m(大高森)、寒風沢島30m(大平戸山)、桂島55m(津森山)など　**問い合わせ先** 東松島市観光物産協会　☎0225-87-2322
松島観光協会　☎022-354-2618
塩竈市産業環境部 観光交流課　☎022-364-1165

島への行き方

| 鳴瀬奥松島IC | 車で約15分 | 大高森 |
| 松島海岸IC | 車で約7分 | 五大堂周辺 |

大高森へは三陸自動車道・鳴瀬奥松島ICが最寄り。五大堂や瑞巌寺、クルーズの発着地があるのはJR松島海岸駅の周辺で、仙台駅からJR仙石線で約40分。車の場合は松島海岸ICが最寄りとなる。仙台東ICからは約35分。

おすすめの季節はいつ?

四季それぞれの美しさがある
名物グルメのカキは冬、穴子は初夏～秋が旬

桜や新緑の時季、紅葉の時季が特に美しい。桜なら、多数の桜が咲き誇る西行戻しの松公園がおすすめ。松島湾と桜の織りなす絶景が楽しめる。また、紅葉なら扇谷がベストスポットだ。名物のカキや穴子は年間を通して食べられるが、旬の時期のおいしさは格別。

桜▶4月中旬～下旬　新緑▶5月上旬～中旬
紅葉▶11月中旬～下旬　カキ▶11～3月　穴子▶6～9月

西行戻しの松公園
●さいぎょうもどしのまつこうえん

松島湾の西側にある丘に整備された公園。歌枕を求め東北を旅していた西行法師が、この地で童子に禅問答で負け引き返したという伝説が残る。春は桜が一面に。

扇谷
●おうぎたに

双観山の背後にある標高55.8mの山。頂上からは、松島湾の入り江が扇のように浮かび上がって見える。紅葉の時季には、見事に色づいた楓も楽しめる。

五大堂
●ごだいどう

坂上田村麻呂が建立し、伊達政宗公が再建したお堂で、松島のシンボル。お堂へは足元に水面が見える透かし橋で渡る。

国内随一の島密集地帯を展望台から望む

九十九島 ●くじゅうくしま

九十九島観光公園は2021年3月オープンの新スポット

ようこそ九十九島へ
秋には展海峰展望台下の園地に咲き誇るコスモスを楽しめますよ!また、展海峰から徒歩約10分の場所には九十九島観光公園があり、九十九島の絶景をご覧いただけます。
●佐世保観光コンベンション協会 岩崎さん

各地の展望台から名景を堪能 海上の楽しみも多い

俵ヶ浦半島北岸から平戸瀬戸にかけて約25kmの海域に、世界遺産の構成資産でもある黒島など有人島4島を含む大小208の島々が連なる。観光地化されたのは比較的近年からだが、神功皇后の鬘が流れ着いたという桂島など古い伝承も残る。展海峰や長串山公園など多くの眺望スポットが整備されており、多島海の景色とともに季節の花々が楽しめるのも魅力。遊覧船でのクルーズやシーカヤック体験などのアクティビティも充実している。真珠やカキなどの養殖も盛んに行われている。

島での過ごし方 陸海の絶景と海軍の街を堪能

1日目

午前＊人気の展望スポットから島を望む
レンタカーでまずは佐世保の名所、展海峰へ向かう。青い海に浮かぶ九十九島をすみずみまで眺める。

午後＊大自然のなかで優雅に過ごす
九十九島の景観を間近で堪能できるクルーズに乗船。さまざまな種類があるので、公式HPで事前に確認する。

2日目

午前＊水族館は見応えたっぷり
九十九島パールシーリゾート内にある九十九島水族館海きららで、九十九島の海の生きものを知る。

午後＊海軍の街、佐世保を散策
佐世保市街地の港街らしい異国情緒ある街並みを観光。佐世保バーガーなどのグルメも忘れずに。飛行機で長崎を発つ。

ワンポイント　黒島へは佐世保市の相浦港からフェリーや海上タクシーを利用。島内はレンタサイクルや電動スクーターで半日ほどでまわれる。

展海峰は九十九島南部の名所。春は
菜の花、秋にはコスモスが咲き誇る

長串山公園 ●なぐしやまこうえん

九十九島の北寄りにある展望スポット。4～5月にかけて咲き誇るツツジとその先に見える島々のコントラストが美しい。

九十九島リラクルーズ ●くじゅうくしまリラクルーズ

何種かあるクルーズ船のなかで最も小型で、入り組んだ場所にも入ることができるため、間近で島の表情が楽しめる。サンセットクルーズが楽しめる期間も大型船より長い。

九十九島かき
●くじゅうくしまかき

カキの養殖に理想的な海で育てられた「九十九島かき」は、引き締まった小ぶりな身に、非常に濃厚な旨みが凝縮されている。全国のオイスターバーでも人気のブランド。

島のキホン

長崎県佐世保市、平戸市
面積 黒島4.66km²、
高島2.67km²など
周囲 黒島約13km、
高島約21kmなど
人口 黒島約410人
（令和3年5月）、
高島約160人
（令和3年7月）など
最高地点 黒島134m、
高島136m（番岳）など
問い合わせ先
佐世保観光情報センター
☎0956-22-6630
九十九島パールシーリゾート
☎0956-28-4187

島への行き方

| 佐世保中央IC | 車で約20分 | ▶ | 展海峰 |
| 佐々IC | 車で約25分 | ▶ | 長串山公園 |

展望スポットを巡るなら車が便利。路線バスの場合は佐世保駅から展海峰まで40分。九十九島パールシーリゾートへは、路線バスが佐世保駅から運行している。なお、無人島へは所有者の許可なしに上陸することはできない。

おすすめの季節はいつ?

景色も味覚も夏が旬
ロマンティックな夕日は必見

夏は海の色が鮮やかで、シーカヤックなどマリンスポーツも楽しめ、岩ガキも食べ頃。九十九島パールシーリゾートのサンセットクルーズは、特にロマンティック。
サンセットクルーズ ▶主に8～10月（要確認）
シーカヤック ▶4～10月
九十九島かき ▶真ガキ10～3月、岩ガキ6～8月

三重
42

島々が浮かぶ豊かな海は真珠のゆりかご

英虞湾 ●あごわん

⬆横山展望台から英虞湾の島々を眺める。元は平坦な台地だったため、島々と周囲の陸地の標高が近いのが特徴的

海と真珠の美しさが 訪れるものを魅了する

　志摩半島南部、リアス地形の入り組んだ入り江に無数の島々が浮かび、海上に並ぶ養殖いかだが独特の風情を醸している。外洋から守られた穏やかな海や豊かなプランクトンなど真珠養殖の好条件が揃い、明治中期に御木本幸吉が真珠養殖に成功して以来、真珠の一大産地として名を馳せた。湾内最大の賢島には、リゾートホテルなどの観光施設が点在。英虞湾クルーズの遊覧船もここから発着している。英虞湾北岸にある横山展望台は、近年きれいなカフェも整備され人気のビューポイントとなっている。

島での過ごし方
真珠が育つ海をアクティブに楽しむ

1日目

午前＊賢島エスパーニャクルーズで英虞湾を周遊
鳥羽駅や鵜方駅でレンタカーを借りる。賢島へ着いたら、遊覧船「エスペランサ」に乗り、約50分かけて英虞湾をクルージング。

午後＊入り組んだ海岸線が見渡せる絶景スポットへ
英虞湾周辺をドライブし、横山展望台から眺めを楽しむ。夕食にはアワビや伊勢エビなどの名物を。賢島に宿泊。

2日目

午前＊世界にひとつだけの真珠アクセサリー作り
真珠工房 真珠の里で、自分で真珠筏から貝を引き上げ、真珠を取り出してオリジナルアクセサリーを制作。

午後＊夕焼けを眺めながらシーカヤックに挑戦
夕日の名所、ともやま公園にある志摩自然学校が催行するシーカヤック体験。英虞湾の夕景を海上で楽しむ。

144　ワンポイント　賢島は2016年の伊勢志摩サミットの開催地。会場となった志摩観光ホテルは、料理の評判も高い名門ホテルだ。

英虞湾の夕日 ●あごわんのゆうひ

英虞湾は夕日の美しさでも知られており、日本の夕陽百選に選ばれているスポットもある。

真珠 ●しんじゅ

かつては世界の真珠取引に大きな影響を与えるほどの一大産地だった。真珠取り出しやアクセサリー作り体験ができる施設もある。

志摩半島
横山展望台
鳥羽駅
鵜方駅
賢島駅
近鉄志摩線
南伊勢
260
260
志摩観光ホテル
賢島
浜島港
遊覧船
「エスペランサ」乗り場
志摩市
間崎港
御座港
間崎島
●ともやま公園
真珠工房 真珠の里
和具港

英虞湾

志摩大橋
260
麦崎

0 3km N

島のキホン

三重県志摩市 面積 賢島0.68km²、間崎島0.36km²など
周囲 賢島7.3km、間崎島7.4kmなど
人口 賢島約60人（令和3年7月）、間崎島69人（令和2年1月）など 最高地点 賢島28.5m、間崎島22mなど
問い合わせ先 志摩市観光協会 ☎0599-46-0570

島への行き方

鵜方駅 車で約10分 横山展望台

JRと近鉄が乗り入れている鳥羽駅から賢島まで近鉄志摩線が運行している。大阪、京都、名古屋から賢島まで直行する列車もある。横山展望台最寄りの鵜方駅は賢島の2駅前。現地での移動は車が便利なので、鳥羽駅か鵜方駅でレンタカーを借りるとよい。鳥羽駅から横山展望台までは車で約35分。

おすすめの季節はいつ?

海遊びをするなら夏
美しい夕日を見たいなら秋～冬

夏はシーカヤックなど、さまざまなマリンレジャーが楽しめるほか、海ホタルも見られる。秋から冬にかけては英虞湾に沈む夕日が最も美しく映えるといわれる。
アワビ▶3～9月 カキ▶10～3月 海ホタル▶7～9月

ようこそ英虞湾へ
リアス海岸の地形が織りなす景観は、息をのむほどの美しさ。伊勢エビやアワビなどの高級な魚介が獲れる志摩市なら、ちょっと贅沢で最高に優雅な休日を過ごすことができますよ!
●志摩市観光協会 佐藤さん

遊覧船「エスペランサ」 ●ゆうらんせん「エスペランサ」

大航海時代スペインの帆船を模した、賢島エスパーニャクルーズの遊覧船。途中で真珠モデル工房の見学もできる。

兵庫 43
播磨灘に浮かぶ活気に満ちた島々
家島諸島 ●いえしましょとう

遠くに見えるのは、花崗岩の切り出しにより崖が切り立った男鹿島(たんがしま)

港には多くの船が浮かぶ
漁業と採石で栄える島

　瀬戸内海東部の播磨灘に、家島を中心に大小44島が浮かぶ。漁業や採石業は全国でも有数の規模で、多くの漁船やガット船が繋留されている港は活気にあふれている。特に漁業は兵庫県一の漁獲量を誇り、ぼうぜ鯖をはじめ諸島内で最も漁業が盛んな坊勢島の名を冠したブランド水産物も多い。観光の拠点となるのは連絡船が行き来する家島と坊勢島。家島ではポンプ式の井戸など昔ながらの生活風景が見られる真浦地区の路地裏や、神武天皇や菅原道真も訪れたといわれる歴史ある家島神社などを散策したい。

島での過ごし方
港町で散策やグルメを満喫

1日目
午前＊家島の昔懐かしい路地を散策
姫路港から高速船に乗り、家島の真浦港へ。レンタサイクルを借りて、真浦地区を散策。どんがめっさんなどを訪れる。
午後＊深い緑の森に囲まれた古社を訪ねる
宮地区を散策し、原生林の中に立つ家島神社へお参り。5月中旬〜6月中旬には夜にホタルを見ることもできる。家島の宿に宿泊。

2日目
日中＊漁師を体験して新鮮な魚をごちそうに
底引き網体験に参加。真浦港で漁船に乗り込み出港。漁場に着いたらみんなで力を合わせて、ピチピチの魚がずっしり入った重い網を引き上げる。体験終了後は獲れたての魚をいただく(事前予約が必要)。その後、港から高速船で姫路港へ戻る。

　ワンポイント　例年8月に坊勢島で行われるペーロンフェスタは、漕ぎ手20人が船に乗り込み熱い戦いが繰り広げられる。

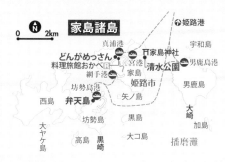

家島諸島

0　2km

姫路港
真浦港　　　家島神社　宇和島
どんがめっさん　　宮港　清水公園　男鹿島港
料理旅館おかべ　　　家島　　　男鹿島
網手港　　　　姫路市
坊勢島港　　　　男鹿島
西島　弁天島　　矢ノ島
　　坊勢島　黒島　　　大崎
大ヤケ島　　　　　　加島
　　高島　黒崎　大コ島　　播磨灘

島のキホン

兵庫県姫路市

面積 家島5.40㎢、坊勢島1.90㎢、男鹿島4.53㎢、西島6.52㎢ **周囲** 家島約15km、坊勢島約12km、男鹿島約10km、西島約21km **人口** 家島約2700人、坊勢島約2200人、男鹿島38人、西島2人(平成27年) **最高地点** 家島134m、坊勢島71m、男鹿島193m、西島276m(頂ノ岩)
問い合わせ先 家島観光事業組合　☎079-325-8777

島への行き方

| 姫路港 | 高速船で約30分 | 家島 |
| | 高速船で約30分 | 坊勢島 |

姫路港から家島の宮港・真浦港まで高速いえしまと高福ライナーの定期船が運航。高速いえしまは1日8便、高福ライナーは1日9便。どちらも片道1000円。坊勢島、男鹿島へは坊勢輝汽船が1日13便運航。うち男鹿島経由も3便ある。片道1000円。現地での移動は徒歩以外はレンタサイクルやコミュニティバスを利用する。家島、坊勢島間は連絡船が1日12便運航している。片道320円。

おすすめの季節はいつ?

一年中街歩きに向いた気候
季節それぞれの旬の魚介を楽しみたい

海水浴やマリンスポーツが楽しめる夏がハイシーズン。年間を通して雨が比較的少なく街歩きは年中楽しめるので、混雑を避けるならほかの季節に。2月は各地の神社で盛大な節分祭が行われる。町花であるササユリは減少が懸念され保護活動が盛ん。

ぼうぜ鯖▶秋～冬　白鷺鱧▶夏　ぼうぜがに▶冬
華姫さわら▶春　ササユリ▶5月下旬～6月上旬

ようこそ家島諸島へ
関西圏から日帰り旅行も可能なアクセス良好の家島諸島にぜひお越しください。季節ごとに多様な旬の魚が楽しめます!空き家を借りて移り住む人も増えていますよ。
●いえしまコンシェルジュ 中西さん

家島の清水公園から港を一望。家島十景にも「監館眺望(かんかんちょうぼう)」として選ばれている光景

弁天島 ●べんてんじま

坊勢島の港からすぐに目につく朱塗りの橋を渡した小島で、漁師の守護神が祀られている。漁師の父の身代わりに娘が身投げした跡に現れたという伝承が残る。島民から神権さんと親しまれている。

どんがめっさん

家島の真浦にある亀の形をした石。100回なでれば願いが叶うといわれている。元はもっと高い場所にあったが、航海に出た主人を待ちわびて降りてきているそう。

じゃこ鍋 ●じゃこなべ

刺身で食べられるような新鮮な魚介を串に刺し、しゃぶしゃぶ風に鍋で泳がせいただく。真浦港にある料理旅館おかべで出される。「じゃこ」は本来雑魚を意味するが、エビやぼうぜ鯖など家島の高級魚がずらり。

聖なる山と神秘的な社殿が美しい

厳島
●いつくしま

世界文化遺産

1400年以上の歴史が刻まれた
瀬戸内海に浮かぶ安芸の宮島

　通称は宮島。北東部に市杵島 姫 命を祀る厳島神社
があり、ユネスコの世界文化遺産に登録されている。
全国に500社ほどある厳島神社の総本社でもある。
平 清盛によって整備されたという現在の社殿の一部
は国宝および国の重要文化財に指定されている。約
16mの大鳥居は、日本三大鳥居のひとつとされる
（2021年7月現在工事中）。
　かつて伊藤博文も絶賛した、島の最高峰である弥山
（535m）からの瀬戸内海の景観や、初日の出の素晴ら
しさも人気で、多くの観光客が訪れる。厳島に生息す
るミヤジマトンボは、国の絶滅危惧種となっている。

手つかずの原生林が広く残る山林や、江戸情緒を
残す街角の風景が美しい安芸の宮島。写真左側が
フェリー乗り場、右側が厳島神社

149

厳島神社 ●いつくしまじんじゃ

創建は1400年以上前の推古天皇の時代。海上に浮かぶような神秘的な社殿が目を引く。

島のキホン

広島県廿日市市
面積 約30km² 周囲 約29km
人口 約1500人(令和3年8月) 最高地点 535m(弥山)
問い合わせ先 宮島観光協会 ☎0829-44-2011

島への行き方

宮島口桟橋 ─ フェリーで約10分 → 宮島桟橋

広島市内からは、JR山陽本線か広島電鉄を利用。JR山陽本線の場合、広島駅から所要約30分。宮島口駅から宮島桟橋までは徒歩約3分。広島電鉄の場合、広島駅から所要約1時間10分。広電宮島口駅は宮島口桟橋のすぐ目の前にある。宮島口桟橋から宮島桟橋へはフェリーで所要約10分。JR西日本宮島フェリーと宮島松大汽船の2社が運航している。

おすすめの季節はいつ?

山々が淡いピンクで彩られる3月下旬〜4月上旬、錦に染まる11月がおすすめ

紅葉の時季は、厳島神社周辺や紅葉谷公園、弥山などが見事な錦に染まる。桜の季節も美しい。ただしどちらも非常に混雑するので、落ち着いて観光するなら少し時期をずらしてもいい。一年を通じて、厳島神社の行事も多く執り行われている。
桜▶3月下旬〜4月上旬　紅葉▶11月上旬〜下旬

弥山 ●みせん

厳島の最高峰である聖なる山。原始林が広がる山中にはハイキングコースが整備されている。頂上付近には古い堂宇が点在している。
撮影・新谷孝一

ろかい舟 ●ろかいぶね

満潮時には「ろかい舟」という木造の舟に乗って、船頭の解説を聞きながら、大鳥居や神社、宮島の風景を眺めることができる。

❶ワンポイント　厳島神社の風景は、干潮時と満潮時では大きく異なる。宮島観光協会HPで年間潮汐表をチェックしておこう。

うち騒ぐ海原に浮かぶ孤高の祈り

厳島

大本山大聖院
●だいほんざんだいしょういん
大同元年(806)に弘法大師が開基したとされる、弥山の麓に立つ真言宗御室派の大本山。毎年4月と11月には火渡り神事が行われる。

カキ
厳島周辺ではカキの養殖が盛ん。生ガキ、焼きガキ、鍋ものなど、多彩な調理法で味わえる。

撮影・新谷孝一

宮島水族館 みやじマリン
●みやじますいぞくかん みやじマリン
瀬戸内海を中心に、約350種1万3000点以上の水の生き物を展示。

島での過ごし方
満潮、干潮時刻の確認を

日帰り

午前＊厳島神社を参拝し、名物グルメでランチ

干潮と満潮は約6時間ごとに交互に繰り返される。大鳥居へ歩いて行けるのは干潮時だけなので、午前中がこの時間に当たらなければ、午後の見学も考えたい。昼食は表参道商店街周辺でカキや穴子めしを。

撮影・新谷孝一

午後＊弥山のハイキングは、体力や時間と相談

紅葉谷公園からロープウエーで弥山の中腹へ。そこから山頂までは約30分の登山になる。ロープウエーを降りてすぐの展望台の眺望も見事なので、体力に自信がなければ無理はせずに。登る場合も、帰りのロープウエーやフェリーの時間には注意。

航海の安全を祈る神宿る島

大島・沖ノ島

●おおしま・おきのしま

世界文化遺産

国家の平穏や五穀豊穣、海上安全および大漁を感謝する宗像大社みあれ祭

写真:宗像観光協会

いにしえから継承される信仰の歴史
神宿る島で美景と文化にふれる

2017年に世界文化遺産に登録された大島・沖ノ島。国の天然記念物・沖ノ島にたたずむ沖津宮を望むため、洋上50㎞離れた大島に遙拝所が建てられている。

大島は豊富な魚介類が生息する筑前海域有数の漁場があり、漁業が島の基幹産業として古くから栄えてきた。島南部には、宗像三女神の湍津姫神(たぎつひめのかみ)を祀る中津宮がたたずむ。島内には風車展望所や夢の小夜島などの美しい景観のスポットもあり、見どころに事欠かない。玄界灘に浮かぶ沖ノ島は、島自体が神聖なものとして人々の出入りが禁じられている。[illegible]には宗像三女神の田心姫神(たごりひめのかみ)を祀る[illegible]

玄界灘に浮かぶ周囲約4㎞の孤島・沖ノ島。田心姫神(たごりひめのかみ)を祀る沖津宮が鎮座する神聖な島。神職以外の上陸は禁止されている

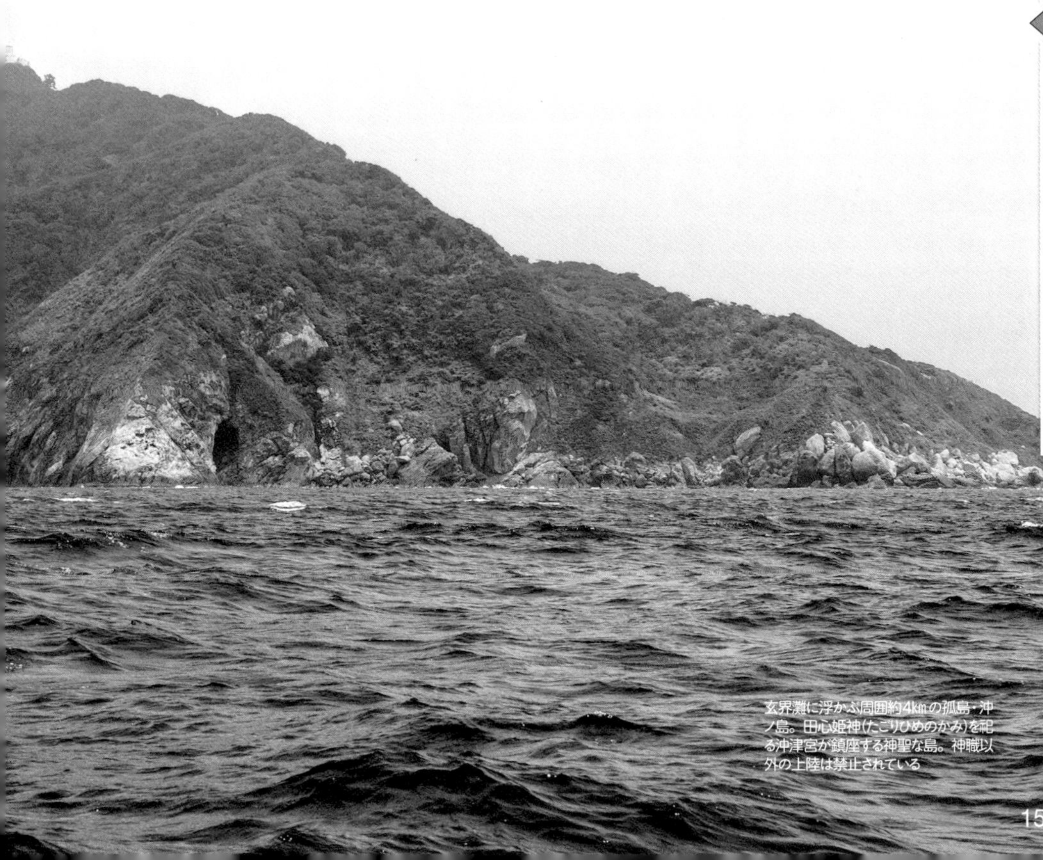

島のキホン

福岡県宗像市

大島 **面積** 7.22km² **周囲** 約15km
人口 約570人(令和3年6月)
最高地点 224m(御嶽)
問い合わせ先 宗像観光協会
📞0940-62-3811

沖ノ島 **面積** 0.69km² **周囲** 約4km
人口 1人(令和2年12月)※神職のみ
最高地点 244m(一ノ岳)
問い合わせ先 福岡県庁文化振興課
九州国立博物館・世界遺産室(世界遺産班)📞092-643-3162

島への行き方

神湊港 フェリーで約25分 **大島港**

JR東郷駅から西鉄バスで約25分。神湊港から大島へは、大島渡船が運営するフェリー「おおしま」で約25分、旅客船「しおかぜ」なら約15分で着く。料金はどちらも片道570円。おおしまが5便、しおかぜが2便の1日7便が毎日運航している。時間にしばられない海上タクシーもおすすめ。

おすすめの季節はいつ?

参拝もイベントも自然も楽しむ、7〜10月がおすすめ

春は桜やツツジが御嶽山を彩り、夏には海で釣りや海中散歩などのマリンレジャーを楽しむ。秋には宗像最大の祭り「みあれ祭」が行われるなど、一年を通じてさまざまな楽しみ方ができる。

桜▶3月下旬〜4月上旬
みあれ祭▶10月1〜3日(秋季例大祭)

宗像大社沖津宮遙拝所
●むなかたたいしゃおきつぐうようはいじょ

大島の沖合約50km先に浮かぶ沖ノ島を拝するため、島の北側に設けられた沖津宮遙拝所。

宗像大社中津宮
●むなかたたいしゃなかつぐう

海を隔てた九州本土の辺津宮と向かい合うように、鳥居をくぐり急な石段を上った先に鎮座する。本殿は県の有形文化財に指定されている。境内には天の川が流れ、七夕伝説発祥の地とされており、縁結びのご利益があるとされている。

ようこそ大島・沖ノ島へ
福岡県で一番大きな島・大島は、世界遺産をはじめ、海釣りや乗馬体験、オルレコースなど、観光や新鮮な魚介類が楽しめる魅力あふれる島です!
●宗像観光協会 山口真史さん

島での過ごし方
島内の景勝地をぐるっと巡る

日帰り

午前＊神聖なる大島へフェリーで向かう

神湊港からフェリーに乗って大島へ上陸。周囲15kmほどの島なので、サイクリングやドライブでまわるのがおすすめ。

まずは港から徒歩約5分の場所にある宗像大社中津宮をお参り。そのあと島北部へ進み、牧場の中を通る遊歩道の先、小高い丘の上にたたずむかわいらしい風車へ。

午後＊沖津宮遥拝所から沖ノ島を望む

沖ノ島に最も近い場所とされている沖津宮遥拝所へ。港の近くへ戻り、夢の小夜島を観光。透き通る水と砂浜が広がる海辺に立つ朱色の鳥居と、島を覆う松の緑のコントラストが見事で、その美しさから室町時代の歌集『筑紫道記(つくしみちのき)』にも詠われたといわれる。島を離れる前にターミナル1階にある売店で地酒や甘夏ポン酢など、大島ならではのおみやげをゲット。港近くには物産販売所「さよしま」もあるので併せてチェックしたい。

宗像あなご ●むなかたあなご

玄界灘で育った穴子。ほどよく脂がのり、引き締まった身が特徴。煮あなごはもちろん、刺身などの食べ方も楽しめる。毎年7〜9月には「宗像あなごちゃん祭り」が開催される。

写真：宗像観光協会

馬蹄岩 ●ばていいわ

荒々しい玄界灘を背景に、馬の足跡のような奇岩がたたずむ。大島灯台の入口付近から細い道を歩いて5分ほどの場所にある。

夢の小夜島
●ゆめのさよしま

朱色の鳥居と松の木の茂った小さな島が海に映える。干潮時は砂浜を歩いて島まで行くことができる。

風車展望所
●ふうしゃてんぼうしょ

島の北部、小高い丘に立つ風車展望所。眼下に360度海を感じられる大パノラマを望む。天体観測スポットとしても人気。

うち騒ぐ海原に浮かぶ孤高の祈り　大島・沖ノ島

原生林に覆われた、三陸の海に浮かぶ霊島

金華山 ●きんかさん

牡鹿半島の御番所山から望む
金華山。海にこんもりと浮かぶ

桜に鹿、神の使いが戯れる
神聖な島山で壮大な景勝地を望む

牡鹿半島の沖合から東に約1kmの太平洋上にある信仰の島。聖武天皇が東大寺大仏を建立する際、陸奥の国守が黄金900両を献上し、のちにこの島に神社を創建、金運・開運の島として信仰を集めるようになった。黄金山神社周辺を中心にソメイヨシノ、シオガマザクラ、シダレザクラなどが咲き誇り、桜の名所としても知られる。島の随所で見かけるニホンジカ。鹿の角切りは島での秋の風物詩だ。奇岩や怪岩、千畳敷の広がる海岸線、パノラマが広がる山頂の奥の院など、山と海の景勝地にも足を運びたい。

島での過ごし方
石巻観光を組み合わせて聖なる金華山へ

1日目

午前＊金華山への起点・石巻に到着
仙台駅から電車に乗り約1時間で石巻駅へ。

午後＊マンガの街をゆっくりと散策
石巻は仮面ライダーなどで知られる石ノ森章太郎ゆかりの地。街には博物館のほかキャラクターの像が点在。石巻市街で一泊。

2日目

午前＊牡鹿半島を抜け、金華山に向かう
早朝、石巻駅からバスを利用し、約1時間15分で鮎川港へ。定期船に乗り金華山へ渡る。定期船利用だと1時間40分ほどの滞在時間なので、訪れる場所はあらかじめ計画しておこう。

午後＊お参りを終えたら、船で鮎川港へ戻る
再び船で鮎川港へ戻り、昼食。捕鯨の街、鮎川ならではの鯨料理を味わいたい。

ワンポイント　宿泊施設が多く、距離も近い石巻が拠点として便利。仙台から石巻までは約2時間かかるので乗車便の時刻など事前確認を。

鹿は神の使いとして大切にされている。約500頭が生息

島のキホン

宮城県石巻市　**面積** 約10㎢　**周囲** 約17km
人口 5人（令和3年6月）　**最高地点** 444m（金華山）
問い合わせ先
石巻観光協会牡鹿事務所　☎0225-45-3456
金華山黄金山神社　☎0225-45-2301

島への行き方

鮎川港	客船で約20分	
女川港	高速船で約35分	**金華山港**

鮎川港と女川港から出る定期船は、日曜のみ各1便の運航なのであらかじめ予約を。天候などにより運航状況も変わるので注意。宿泊をする場合や、ゆっくりと島をまわりたいならば海上タクシーのチャーターも検討したい。

おすすめの季節はいつ?

黄金山神社最大の祭りが行われる5月がおすすめ
5月最初の巳の日から7日間行われる初巳大祭は、弁財天信仰に基づく黄金山神社最大の祭り。期間中は、祈禱殿で祈禱を受けることで特別に御本殿へ参拝することができる。春の桜も美しい。
桜 ▶ 4月下旬～5月中旬

ようこそ金華山へ
島内にある黄金山神社は古来より唯一の黄金の神として信仰を集めており、「3年続けてお参りすれば一生お金に不自由しない。」といわれています。
●石巻市牡鹿総合支所
地域振興課のみなさん

千畳敷
●せんじょうじき
金華山の束側にある景勝地。テーブル状の岩が続く迫力ある風景が望める。

千人沢 ●せんにんさわ
高さ数10mの断崖が続く。海から眺める場合は海上タクシーをチャーターして。

黄金山神社
●こがねやまじんじゃ
金華山西側の中腹に鎮座する。金銀財宝、開運のご利益があるといわれる。

熊本
47

海の天主堂が人々の思いを見守る

天草下島 ●あまくさしもしま

世界文化遺産

ようこそ天草下島へ
世界文化遺産の﨑津集落をはじめとして、多く
のキリスト教関連遺産や資料館が天草にはあり
ます。天草島内では一年中注連縄をしている
住居を多く見ることができます。なぜ一年中注
連縄をしているのかなども調べながら散策すると、
さらに旅行が楽しくなること間違いなしです!
●天草宝島観光協会 上村將太さん

大小120の島々からなる天草諸島は、キリシタン弾圧の歴史地として知られ、キリシタン墓地や天草ロザリオ公園など彼らの壮絶な歴史に思い

…も信仰を守り続けた地域の
…ながら、近年SNSで話題となった
アコウの木など、豊かな自然にもふれてみたい。

うち騒ぐ海原に浮かぶ孤高の祈り

天草下島

集落の中に突如
現れる十字架が
目を奪う﨑津教会

159

カトリックの聖地フランス・ルルドの聖母像と泉を摸した洞窟

大江教会 ●おおえきょうかい

高台に建つロマネスク様式の白亜の教会。フランス人神父・ルドビコ・F・ガルニエが昭和8年(1933)に建てたもので、彼は生涯を天草布教に捧げた。

天草ロザリオ館 ●あまくさロザリオかん

大江教会の建つ丘の麓にある。踏み絵(複製)やキリシタンの隠れ部屋も再現されており、天草のキリシタンの歴史を知るうえで貴重な資料を展示している。天草市立天草玩具資料館を併設しており、全国の郷土玩具も展示。

島のキホン

熊本県天草市、天草郡苓北町
面積 約575km² **周囲** 約301km
人口 約6万7000人(令和3年3月)
最高地点 538m(天竺)
問い合わせ先 天草宝島観光協会 ☎0969-22-2243

島への行き方

阿蘇くまもと空港	飛行機で約25分
福岡空港	飛行機で約35分
熊本桜町バスターミナル	バスで約2時間30分

→ 天草

天草空港から本渡バスセンターまではシャトルバスの利用が便利。天草エアラインが運航する飛行機は大阪から熊本空港で途中降機し天草へ降り立つ便もある。熊本桜町バスターミナルから本渡バスセンター方面へ行く快速あまくさ号は1日10便。

おすすめの季節はいつ?

**旬の魚介が満喫できる3～8月がおすすめ
赤ちゃんイルカが見られることも**

年間平均気温は17℃前後と比較的温暖な気候。イルカは一年中見られるといわれるが、特に春～秋にかけては出産シーズンで、赤ちゃんイルカが見られることもある。天草名産ムラサキウニの解禁は3月で、種類豊富なウニ料理が楽しめる。
ムラサキウニ ▶3～5月 **天然車エビ** ▶6～8月

﨑津教会 ●さきつきょうかい

昭和9年(1934)に再建された現在の教会は鉄川与助が設計したもの。美しいゴシック様式の教会の堂内は、珍しい畳敷きで、ステンドグラスが印象的。見学には事前連絡が必要となる。﨑津教会近くの岬の海上に向かってマリア像が立つ。

天草市イルカセンター ●あまくさしイルカセンター

通詞島の周辺は魚類が豊富なため、野生のイルカが生息している。季節を問わず一年を通じて至近距離でイルカに出会えるのもうれしい。

天草の石橋 ●あまくさのいしばし

天草の橋といえば今ではパールラインが有名だが、街なかには趣ある石橋が多く架かっている。天草は昔から石工が盛んな土地で、長崎のグラバー邸や大浦天主堂を手がけたのもこの地域の石工だった。写真は町山口川に架かる多脚式アーチ型の祇園橋。

島での過ごし方
風光明媚なドライブコース

[1日目]
午前 ＊ 天草エアラインで天草空港に到着
レンタカーを借りて、海の幸がふんだんに盛られた海鮮丼で早めのランチ。国道266号を通って﨑津教会へ向かう。
午後 ＊ 﨑津教会や大江教会などを見学
﨑津に古くから伝わる名物「杉ようかん」を購入。車で約15分、天草ロザリオ館や大江教会を見学。帰りは海岸沿いのサンセットラインをドライブ。途中、透き通るような白さで名高い天草の焼物・高浜焼の窯元に立ち寄り。サンセット時間に合わせて十三仏公園へ。下田温泉に宿泊。

[2日目]
午前 ＊ 愛らしい野生イルカを間近で観察
通詞島で朝いちばんのイルカウォッチング(所要1時間)。車で体験型のオリーブ農園へ。園内を見学したあとは、手搾りでオリーブオイルを作ってみる。
午後 ＊ バスで熊本市街へ
昼食後は、本渡バスセンターから快速あまくさ号に乗って熊本桜町バスターミナルへ。天草でもう1泊滞在するなら、棚底港から恐竜の島・御所浦島へも足をのばしたい。

アコウの木 ●アコウのき

西平椿公園にある高さ約20mの巨木。巨岩を包むように伸びた根が印象的で、映画『天空の城ラピュタ』のようと、SNSで話題となった。「ラピュタの木」の名でも親しまれている。

十三仏公園 ●じゅうさんぶつこうえん

北には国の天然記念物・妙見浦、南に白鶴浜海水浴場までが一望できる絶景ポイント。公園内に与謝野鉄幹、晶子夫妻の歌碑が立つ。岩がゾウのように見える妙見岩も見つけてみたい。

押し包丁 ●おしぼうちょう

平たい団子が入った熊本名物のだご汁とは違い、小麦粉の生地を包丁で押して切った麺が入る。だしは家庭により異なる。夏には冷たいぶっかけ麺が並ぶ。

長崎
48

信徒の祈りが心に染みる十字架の島

中通島

世界文化遺産

手前が世界文化遺産に登録された頭
ヶ島の集落。集落に建つ頭ヶ島天主
堂は、長崎県を中心に多くの教会建築
を手がけた鉄川与助が設計し、島の
砂岩を使い、信徒によって建てられた

ようこそ中通島へ
四方を海で囲まれた五島列島は、釣り人が
一度は行ってみたい場所としても人気です。
釣りはもちろん、海水浴やダイビング、SUP
などのマリンスポーツを楽しみ、エメラルドグ
リーンの海に癒される旅もおすすめです。
●新上五島町観光物産協会 畑下響太さん

キリシタンの歴史が残る島で 美しい教会巡り

長崎の西に浮かぶ、北東の端から南西の端ま
で総距離150kmの五島列島。江戸時代、多くの
潜伏キリシタンが移住した列島には、52の教
会が残る。列島を構成する十字架のような形を
した中通島の東部に位置する頭ヶ島は、かつて
病人の療養地で、潜伏キリシタンが移住した地。
世界文化遺産「長崎と天草地方の潜伏キリシタ
ン関連遺産」の構成資産に認定された頭ヶ島集
落には、花柄の文様の内装が印象的な美しい石
造の教会、頭ヶ島天主堂が建つ。白亜の桐 教
会や赤レンガの青砂ヶ浦天主堂など、中通島に
残る教会巡りも楽しみたい。

163

頭ヶ島天主堂 ●かしらがしまてんしゅどう

全国的にも珍しい石造りの教会堂。頭ヶ島周辺で
切り出された石を積み上げた、重厚感のある外観
とはうって変わって、内装には、花をモチーフに
したかわいらしい意匠が随所に見られる。

冷水教会
●ひやみずきょうかい

明治40年(1907)に、当
時27歳だった中通島出
身の教会建築士、鉄川
与助が独立し、初めて
設計施行を手がけた教
会。尖塔が印象的。

島のキホン

長崎県南松浦郡新上五島町　**面積**　約168㎢
周囲　約279km　**人口**　約1万9000人(令和3年7月)
最高地点　443m(番岳)
問い合わせ先
新上五島町観光物産協会　☎0959-42-0964

島への行き方

佐世保港	高速船で約1時間30分	
長崎港	高速船で約1時間40分	中通島

高速船やフェリーを利用する場合、目的地によって入る港が異な
る。主な港は島中央部の有川港と鯛ノ浦港、南部の奈良尾港な
ど。長崎港から有川港、鯛ノ浦港まで高速船でともに約1時間40
分、奈良尾港までフェリーで約2時間35分。ジェットフォイルで約1
時間10分。佐世保港からは、有川港まで高速船で約1時間25分、
フェリーで約2時間35分。

おすすめの季節はいつ?

**海水浴やマリンスポーツが楽しめる
5～9月がおすすめ**

中通島を含む五島列島は一年を通じて観光を楽しみやすいが、美
しい海で海水浴やマリンスポーツを楽しむなら、観光のベストシーズ
ンは5～9月頃。
**キビナゴ▶通年　ハコフグ▶冬　ミズイカ▶冬
相河川のホタル▶5月中旬～6月上旬**

中ノ浦教会
●なかのうらきょうかい

中ノ浦湾沿いに建つ、小さな教会。波風が穏やかな日に対岸から眺めれば、真っ白な建物が水面に反映し、まるで絵画のような風景が広がる。外観のイメージと同様に、内部も華やかに装飾され明るい。

青砂ヶ浦天主堂 ●あおさがうらてんしゅどう

奈摩湾を望む、丘の上に建つ教会。レトロな赤レンガ積みの建物の中は、白壁とアーチ、色鮮やかなステンドグラスが美しく調和し、神聖な雰囲気が漂う。現在の建物は3代目。明治43年(1910)に鉄川与助の設計で建てられた。

島での過ごし方
教会巡りと美しい海を満喫

1日目

午前＊佐世保港から中通島へ高速船で向かう
佐世保港から出ている高速船に乗り、中通島の有川港へ。所要時間は約1時間25分。

午後＊ランチはうどん。午後はレンタカーで教会巡り
島に到着したら港付近でレンタカーを借りよう。レンタカーは事前に予約しておくとスムーズ。ランチは有川港周辺で中通島名物のうどんを堪能。腹ごしらえを済ませたら、午後は教会巡り。頭ヶ島天主堂や青砂ヶ浦天主堂を中心に、気になる教会を訪れたら、夕日の時間に合わせて矢堅目公園へ。

2日目

午前＊美しく輝く海で、マリンスポーツに挑戦
中通島の海は、青く透き通っていてとてもきれい。蛤浜海水浴場をはじめ、各ビーチでシーカヤックツアーなどのマリンスポーツが体験できるので、催行会社に申し込んでチャレンジしてみたい。

午後＊矢堅目の塩本舗で工房見学。
16時台発の高速船で長崎へ
有川港から車で約15分のところにある矢堅目の塩本舗では、五島近海の海水を使い、昔ながらの釜炊きで仕上げる自然海塩の塩作りを見学でき、その塩を購入することもできる。時間に余裕があれば、有川港近くにある、上五島の捕鯨の歴史と文化に関わる資料を展示する鯨賓館ミュージアムにも足を運んでみたい。

蛤浜海水浴場 ●はまぐりはまかいすいよくじょう

白い砂浜と遠浅のビーチが人気の海水浴場。はまぐりデッキではSUPなどのマリンスポーツが楽しめる。

桐教会 ●きりきょうかい

川のような小瀬戸を望む丘に建つ白亜の教会。明治30年(1897)、桐地区が中五島で最初に小教区として設立された際に建立された。入り江に面した丘の上に建つ姿は、往来する船舶の航海の無事を祈っているかのように見える。

矢堅目公園
●やがためこうえん

公園の対岸から眺める矢堅目のシルエット越しに沈む夕日は、中通島を代表する絶景。

五島手延うどん
●ごとうてのべうどん

上五島名物の五島手延うどんは、卓上の鍋で茹でた麺を箸でとり、アゴでだしをとったつゆや、生卵につけていただく「地獄炊き」という地元では定番の食べ方がおすすめ。

気になる！
キリスト教徒への
最後の弾圧「五島崩れ」

幕末から明治初め、開国後もキリスト教禁教は維持されていた。だが、開港された長崎にカトリック教会が建てられると、神父のもとへ指導を求めて信仰を告白する信徒が続々と現れた。五島でも信仰を表明する信徒が増え、五島の福江藩はキリスト教の大規模な弾圧を開始。結果43人の殉教者を出す「五島崩れ」が起きた。キリスト教徒への仕打ちに憤る外国勢力は、明治政府に激しい抗議を行い、明治6年(1873)のキリスト教解禁へとつながった。

ワンポイント 宿泊施設は気取らない民宿からリゾートホテルまで島内に点在している。福江島まで考えれば、さらに選択肢は広がる。

琉球創世の神話が伝える聖なる地
久高島 ●くだかじま

島の最北に位置するハビャーンは、女神アマミキヨが最初に降り立ったという伝説が残る。徳仁港から3km以上離れているため、レンタサイクルの利用がおすすめ

島の中央部から延びる一本道を進むとハビャーンに到着する

ようこそ久高島へ
メーギ浜は島唯一の遊泳スポットです。透き通った海に癒やされてください。久高船待合所では、自転車レンタルのほか、軽食の提供やおみやげの販売も行っています。
●久高島振興会 粟国龍哉さん

イシキ浜 ●イシキはま

麦や粟などの種子が入った五穀の壺が流れ着いたと伝わる神聖な場所。聖地のため、遊泳は禁止されている。神行事の際は立ち入り禁止になるので注意が必要。

メーギ浜 ●メーギはま

久高島で海水浴を楽しむならここ。パラソルや浮き輪などのレンタルも可能で、4〜9月までマリンスポーツが楽しめる。

琉球創世の女神「アマミキヨ」が降り立った 琉球開闢の聖地

琉球創世の女神アマミキヨの降臨、五穀発祥の地として伝わる神聖な島。沖縄本島の聖地、斎場御嶽と理想郷といわれるニライカナイの間にあるとされている。アマミキヨが降り立ったとされるハビャーン、五穀発祥伝説が残るイシキ浜、御嶽、拝み所などの聖地がいたるところにある。かつては島の祝女（ノロ）の家系にのみ漁と燻製が受け継がれ、玉府への献上品とされたイラブーを使った郷土料理が名物。坂が少ないので散策にはレンタサイクルが便利。

島での過ごし方
聖地をまわり、パワーチャージ

1日目
午前 ＊ ニライ橋・カナイ橋をドライブ
1日目は沖縄本島を観光。海を望む全長1.2kmの橋を渡り、知念岬公園へ。
午後 ＊ 世界遺産にも登録されている 聖地、斎場御嶽を訪ねる
琉球の祖神・アマミキヨがつくった七御嶽のひとつ。自然のなかに香炉や石が置かれ、神聖な雰囲気が漂う。南城市街に宿泊。

2日目
午前 ＊ 久高島を巡り、神話にふれる
午前の便で久高島へ上陸。アマミキヨが降り立ったハビャーン、ニライカナイに通じると伝わるイシキ浜など伝説の残る地を巡る。
午後 ＊ 貴重な島の味を堪能
かつては宮廷料理でもあったイラブー汁を味わう。夕方の便で安座真港へ帰港。

イラブー汁
● イラブーじる

久高島の名物料理。イラブーとは海ヘビのことで、島では神の使いとされている。燻製にしたイラブーを昆布やソーキと煮込んで作る滋養強壮に効果のあるスープ。

（地図）
中城湾　久高島
ハビャーン
ロマンスロード
ウパーマ（星砂の浜）
南城市　フボー御嶽
ヤグルガー　シマーシ浜
ウドゥンミャー（久高殿）・外間殿
イシキ浜
太平洋
安座真港　メーギ浜
ピザ浜
徳仁港
久高船待合所
0　500m

島のキホン
沖縄県南城市　**面積** 1.36km²　**周囲** 約8km
人口 約230人（令和3年6月）　**最高地点** 17m
問い合わせ先 南城市観光協会　☎098-948-4611

島への行き方

安座真港	高速船で約15分	徳仁港
	フェリーで約25分	

まずは、那覇空港から東へ約28km、車で約40分の南城市・安座真港へ。安座真港から久高島の徳仁港までは高速船で約15分（片道770円）、フェリーで約25分（片道680円）。便数は多くないので、帰りの便の時間を確認しておこう。

おすすめの季節はいつ?

晴れの多い夏に訪ねたい
一年を通して温暖な気候で、どの季節に行ってもよい。7〜9月は晴れる日が多く、きれいな景色を楽しむことができる。
海水浴 ▶ 4月下旬〜10月上旬　**花の多い時期** ▶ 3〜5月

● **ワンポイント** 久高島には民宿が数軒あるが、客室数は多くないので要注意。本島に宿泊し、日帰りで訪れても十分に巡ることができる。

潮騒に古来の文化と純愛小説の世界を想う

神島 ●かみしま

ようこそ神島へ
市営定期船で神島まで約40分のショートクルーズ。点在する島々を眺めながら手軽に船の旅ができる鳥羽では、自然を五感で体感することができます。ぜひ島民とのふれあい、海の幸を味わいに来てください。
●鳥羽市役所観光課のみなさん

島全体が山になっているため、家々は港からの急斜面に建つ。集落には時計台や共同の洗濯場など、昔の暮らしの風景が残っている

「神が支配する」といわれた島は、文豪の作品にも描かれた

　志摩半島の鳥羽港から約14km、愛知県渥美半島の先端から約3km離れた、伊勢湾口に浮かぶ島。島名は島の形が甕に似ていたことに由来するが、奈良・平安時代の祭祀遺跡が見つかったことから、神の里（伊勢神宮）を守る島だったといわれ、「神島」に転じたとされる。太陽信仰の祭りの説もある八代神社のゲーター祭など、島独自の古来の文化が今も残り、民俗学の宝庫としても名高い。昭和29年（1954）に刊行された三島由紀夫の小説『潮騒』の舞台で有名になり、自身も刊行の前年に2度、取材旅行で訪れている。

神島灯台
●かみしまとうだい

複雑な潮流で、海の難所といわれた伊良湖水道を守ってきた灯台。海の向こうに、愛知県の渥美半島や知多半島を望む。

八代神社
●やつしろじんじゃ

島の氏神で、中国鏡や陶磁器など数百点の貴重な文化財が所蔵されている。本殿は214段の石段の先に鎮座する。

●ワンポイント　ゲーター祭は元日の夜明け前に、白い輪「アワ」を島の男たちが竹で刺し、上げ落とす奇祭。担い手不足で2018年より休止中。

白い塔のようにそびえるカルスト地形。空や海の青とのコントラストが美しい

島のキホン

三重県鳥羽市　面積 0.76㎢　周囲 3.9km
人口 約330人（令和3年1月）　最高地点 171m（灯明山）
問い合わせ先 鳥羽市役所観光課　☎0599-25-1157

島への行き方

| 鳥羽マリンターミナル | 定期船で約40分 | 神島港 |

JR／近鉄鳥羽駅から徒歩約10分の鳥羽マリンターミナルか、鳥羽水族館に近い中之郷で鳥羽市営定期船に乗船する。中之郷からは約1時間。1日4便の運航。愛知県の伊良湖港から出る神島観光汽船では、約15分で着く。1日2～4便。島内では『潮騒』ゆかりのスポットに立ち寄りながら、島を2時間程度で一周（4kmほど）できる。

おすすめの季節はいつ?

**島内散策とグルメを楽しむなら
春～初夏のうちに訪れたい**

海の幸を求めるなら、伊勢エビのほか、身が大きくクリーミーなイタボ（岩ガキ）（写真上）、「潮騒ダコ」と呼ばれ人気を博すタコがおすすめ。秋口に見られる蝶・アサギマダラ（写真下）は、海を渡って島にやってくる、国内では珍しい渡り蝶だ。
潮騒ダコ▶通年　**イタボ**▶4～7月
アサギマダラ▶9月下旬～10月上旬

伊勢湾　伊良湖港　伊良湖水道
神島港　時計台
潮騒公園　八代神社　シラヤ崎
桂光院卍　神島灯台
洗濯場
トノ鼻　鏡石　監的哨跡
古里岬　**神島**
古里の浜　鳥羽市
祝が浜　カルスト地形
弁天岬　ニワの浜
遠州灘
相岬
中之郷・鳥羽マリンターミナル
0　400m　N

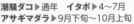

気になる!　小説『潮騒』の舞台を歩く

　三島由紀夫の小説『潮騒』は、神島をモデルにした歌島で、お互いに惹かれあった主人公の若者・新治と初江が、試練に遭いながらも、島民との関わりを通じて、恋を成就させる物語。八代神社で祈りを捧げる場面や、神島灯台で迎えた大団円など、島の名所も作品で描かれている。映画化の際は、吉永小百合や山口百恵も来島し、ロケが行われた。

➡監的哨跡は大砲の着弾点を測る旧陸軍の軍事施設。嵐のなか、焚き火のそばで新治と初江が愛を確かめるという、小説のクライマックスの場所となった

島での過ごし方

三島由紀夫も訪れ、愛した、素朴な離島

1日目
午前 ＊ 鳥羽駅周辺を散策後、島へ渡る
鳥羽1番街や鳥羽マルシェなど、グルメやショッピングが充実している複合施設に立ち寄りながら、鳥羽マリンターミナルへ。
午後 ＊ 散策、グルメを通じて、島の雰囲気を知る
小説『潮騒』に関する展示がある潮騒公園、懐かしい雰囲気の時計台など、港周辺を散策。食事は島近海で獲れた海の幸を使った料理を味わいたい。島の民宿に泊まり、1日目終了。

2日目
午前 ＊ 小説の舞台を巡りつつ、島をぐるりと一周
潮騒公園からスタートし、八代神社、神島灯台、監的哨跡、カルスト地形…と時計回りに進む。小説での情景描写と比べたり、主人公たちの心情に思いを馳せたりしながら歩きたい。
午後 ＊ 本土へ戻り、鳥羽の観光名所へ
昼前の便で神島を離れる。本土到着後は、鳥羽水族館やミキモト真珠島など、鳥羽の観光名所を訪れたい。

写真提供:鳥羽市観光課

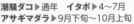

うち騒ぐ海原に浮かぶ孤高の祈り　神島

島民の心の拠りどころ、島の祭り・伝統行事を知る

島が躍動する日

本土では忘れられてしまった信仰や習慣が残っていたり、
古い時代に持ち込まれてきた文化に独自の変化が起きていたり。
ほかでは見られない祭りの光景に出会えることも、島の魅力のひとつ。

伊是名島
渡名喜島
姫島
悪石島

赤土がついたマラ棒で悪霊を祓うボゼ神。祭りが終わると仮面は壊される

鹿児島 51

吐噶喇列島の小島に伝わる仮面と腰蓑の装束で悪霊を祓う奇祭

あくせきじま
悪石島

悪石島のある吐噶喇列島は鹿児島県鹿児島郡十島村に属し、その南北の距離は約160kmもある。旧暦の7月16日に現れるボゼという仮面装束による伝統行事でよく知られ、多くの観光客が訪れる。異形の面を被ったボゼに扮した若者がボゼマラという男根を思わせる棒を持ち、主に女性や子どもを追いかけて、棒の先に塗られた赤い泥を擦りつけて村人の無病息災を願うという奇祭だ。

平島・鹿児島本港
カンコツ
おね神
黒崎ノ鼻
十島村
御岳
悪石島
トクノヲ崎
中岳
東浜
湯泊温泉
ノンゼ岬
名瀬港
やすら浜港
ビロウ山
女神山岬
悪石島小・中
飛瀬
荷積岬
ヘリポート
0　　1km　N

島のキホン

鹿児島県鹿児島郡十島村
面積 7.49km² **周囲** 8.8km
人口 77人（令和3年7月）
最高地点 584m（御岳）
問い合わせ先 十島村役場悪石島出張所
☎09912-3-2063

島への行き方

🚢 **鹿児島本港からフェリーで約10時間15分**

フェリーとしま2は、鹿児島を出港し吐噶喇列島の各島を経由、奄美大島の名瀬港へ、出港の2日後に鹿児島へ戻る。奄美大島（名瀬）から向かうと所要約5時間。通常は週2便だが、祝日などで名瀬港に2泊したり臨時便が出たり変動するため事前に要確認。祭り時は島の宿泊施設が足りなくなり個人の手配は難しいので、ツアーに参加するのが無難。

中国への進貢船に乗る伊是名の船員の安全を祈願したイルチャヨー祭り

沖縄 52

伊是名島 （いぜなじま）

伊是名村は主島と3つの無人島からなり、周囲はエメラルドグリーンの海とサンゴが目を奪う。旧暦8月11日には、島の勢理客（せりきゃく）集落で航海安全を祈願するイルチャヨー祭りが、五穀豊穣を願う豊年祭も兼ねて行われる。これは琉球王国時代、中国への進貢船の船員は伊是名島の出身者が多かったため、彼らの航海の安全を祈願したことに始まるという。この祭りは伊平屋島（いへやじま）にも残る。

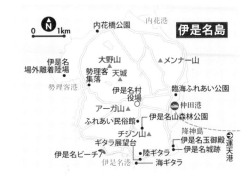

伊是名島

内花橋公園　内花港
内花橋公園
伊是名場外離着陸場
大野山
勢理客集落　天城
メンナー山
勢理客港
伊是名村役場
臨海ふれあい公園
アーガ山
仲田港
ふれあい民俗館
伊是名山森林公園
隆神島
チジン山
伊是名玉御殿
ギタラ展望台
伊是名城跡
運天港
伊是名ビーチ
陸ギタラ
伊是名港
海ギタラ

島のキホン

沖縄県島尻郡伊是名村
面積 約14k㎡　周囲 約17km
人口 約1400人（令和2年4月）
最高地点 121m（大野山）
問い合わせ先
いぜな島観光協会　☎0980-45-2435

島への行き方

🚢 運天港からフェリーで約1時間

現在は沖縄本島の本部半島にある運天港から出ているフェリーいぜな尚円が、唯一のアクセス手段。午前と午後の1日2便。那覇空港から運天港へは、車で約1時間30分。やんばる急行バスが運行している運天港行きの路線で、所要約2時間50分。伊是名島内の移動はレンタカーやレンタサイクルで。車なら約20分で島内を一周できる。

島が躍動する日

悪石島／伊是名島

イルチャヨーで笑みを浮かべた面をつけた神が子どもを連れて歩きまわる

⬆伊是名ビーチ

⬆公事清明祭（くーじぬしーみー）が行われる第二尚氏王朝の王の家族、親族を葬る聖墓、伊是名玉御殿（たまうどぅん）

➡島の名勝である陸（あぎ）ギタラ・海ギタラ。ギタラとは切り立った岩という意味

171

あんな島 こんな島

大分 53

国生み神話と黒曜石で知られる島で演じられるキツネの盆踊りに大笑い

姫島（ひめしま）

　イザナギとイザナミの国生み神話で最初の大八嶋（おおやしま）のあとで生んだ6島のひとつとされる。縄文時代には黒曜石の産地として往来が盛んだったが、今も観音崎には黒曜石の断崖が見られる。お盆の3日間に行われる姫島の盆踊りは全国的に知られ、その「伝統踊り」のなかでも「キツネ踊り」は、かわいらしい化粧と愉快なしぐさで観客の笑いと喝采を浴びる。「創作踊り」もあり、飽きさせない。

周防灘

千人堂　観音崎　浮洲　姫島村　かねつけ石　巛拍子水温泉
海岸寺卍　・アサギマダラ休息地　・逆柳　車えび養殖場　浮田　姫島灯台
姫島庄屋古庄家　車えび養殖場　・焼野池
達磨山　卍大帯八幡社　矢筈岳
西村記念公園　姫島港　姫島海水浴場　**姫島**

⛴ 伊美港

0　N　1km

島のキホン

大分県東国東郡姫島村
面積 6.99㎢　**周囲** 約17km
人口 約1900人（令和3年4月）
最高地点 266m（矢筈岳）
問い合わせ先 姫島村役場水産・観光商工課
☎0978-87-2279

島への行き方

🚢 **伊美港からフェリーで約20分**

姫島行きのフェリー姫島丸は、国東半島の北端にある伊美港から1日12便（冬季は11便）の運航。盆踊りの日は、踊りの終了に合わせて夜間臨時便が出る。伊美までは大分空港からバスで豊後高田へ約50分、伊美へ行くバスに乗り換え約50分。島内は電気自動車のレンタルが利用できるほか、巡回バスもある。

🦋 渡蝶アサギマダラは5月中旬頃～6月上旬、10月中旬頃に姫島に飛来する

⬆庄屋として島を治めていた古庄家の、築170年を超える屋敷。伊藤博文や勝海舟も訪れたそう

⬆500mほどの弧を描いた海岸線が美しい姫島海水浴場

化粧をした子どもが踊る、かわいらしい姿が見られる。列の先頭は編笠、浴衣姿の少年

競泳はもちろん、玉入れ、障害物競走など、すべて海で行われる

もともとは2つの島で、その間に砂が堆積して1つの島になったという

渡名喜島の集落。ふくぎ並木や赤瓦の家並みなど、沖縄らしい景色が続く

沖縄 54

渡名喜島
となきじま

大正時代から続く海辺の大運動会は村民総出で大賑わい

久米島と沖縄本島の間に位置する渡名喜村は、渡名喜島と入砂島の2島からなり、県内で最も人口が少ない村。毎年6月にはあがり浜で村民総出の水上運動会が開催され、これに前後して島民の2倍近い人々が帰省し、見学に訪れるという。水泳種目はもちろん、綱引きや玉入れなど多くの種目が海中で行われ盛り上がる。2018年には100回大会を迎え、村民の絆を結ぶ重要な行事となっている。

渡名喜島

里御嶽
渡名喜港
あがり浜
ヲモの崎
アンジェーラ浜
神の宿る岩
大本田展望台
那覇泊港
グルクの崎
N
0   1km

島のキホン

沖縄県島尻郡渡名喜村
面積 3.87km² **周囲** 約16km
人口 約340人（令和3年6月）
最高地点 179m（大岳）
問い合わせ先 渡名喜村観光協会
📞098-996-3758

島への行き方

🚢 **那覇泊港からフェリーで約2時間**

那覇と久米島を結ぶ久米島商船の船を利用。1日1往復で那覇から約2時間、久米島から約1時間20分。4〜10月は金曜の久米島発のみ2便運航される。便数が少ないので、悪天候による欠航には注意してスケジュールを。島内での移動は徒歩のみ。宿の数は4軒と少ない。

日本の近代化を支えた海に浮かぶ「軍艦」
端島（軍艦島）●はしま（ぐんかんじま）

世界文化遺産

当時の写真から、かつては活気ある島だったことがうかがえる

幅160m、長さ480mの小さい島に5000人以上が住んでいた

174

学校やアパートなども残る
今は朽ち果てた美しい廃墟の島

　明治から昭和にかけて石炭の採掘で栄え、周囲1.2㎞の小島に最盛期は約5300人が居住。東京都心部の9倍といわれたほどの人口密度で、コンクリートの建築物がひしめく姿が長崎で建造中だった軍艦「土佐」に似ていると、大正の頃から軍艦島の呼び名がついた。

　昭和49年（1974）に閉山したあと荒廃が進み、倒壊の危険があることからツアー参加者が上陸できるのは南側の一角のみ。日本最古の鉄筋コンクリート造の高層アパートや学校はもちろん、映画館や神社、プールまであり、高給で知られた炭鉱の人々の豊かな暮らしの跡が残る。多くの映画や小説、ゲームなどの舞台やモチーフになっている。

0 100m

..... 見学可能ルート

長崎港元船桟橋 ⚓
病院跡

端島小中学校跡

Ⅱ 端島神社

長崎市

映画館跡
貯炭場
端島灯台
第1見学広場
30号棟
第3見学広場
プール跡
第2見学広場
ドルフィン桟橋
野母崎
総合運動公園

端島
(軍艦島)

島のキホン

長崎県長崎市
面積 0.06㎢　周囲 1.2km　人口 無人島　最高地点 45m
問い合わせ先 長崎市コールセンター「あじさいコール」
☎095-822-8888

島への行き方

長崎港　クルーズツアーで約1時間　→　ドルフィン桟橋

端島へは、上陸ツアーを催行しているツアー会社に予約を入れて航路で上陸する。波や風など一定の条件を満たさないと上陸できないため、必ず上陸できるわけではない。長崎港の元船桟橋などで受付をしたあと出航する。

おすすめの季節はいつ?

緑の鮮やかな春か秋がおすすめ

通年訪れることはできるが、夏は比較的高波や台風による上陸不可日が多い傾向にあるため、春か秋がよいだろう。緑の育つ季節は特に、建物の風化と植物が島を覆うさまが文明の盛衰と時の流れを感じさせ、いっそう迫力が増す。

> **ようこそ端島(軍艦島)へ**
> 端島(軍艦島)は、「明治日本の産業革命遺産 製鉄・製鋼、造船、石炭産業」の構成遺産のひとつとして、世界文化遺産に登録されています。ぜひ世界遺産の島、端島(軍艦島)にみなさまお越しください。
> ●長崎市観光政策課のみなさん

30号棟　●さんじゅうごうとう

大正5年(1916)に建った30号棟は、日本最古かつ現存する鉄筋コンクリート造アパート。通称グラバーハウス。建物の風化や台風、緑による浸食が進んでいる。

✔ワンポイント　『007 スカイフォール』や実写版『進撃の巨人』など、映画やミュージックビデオのロケ地としても有名。

島での過ごし方
端島と長崎中心部を周遊する

1日目

午前＊「軍艦島」を目指し出航
ツアー会社の船で端島、通称「軍艦島」へ向かう。島内では第1から第3見学広場まで、順番に見学していく。建物や当時の生活、歴史に関するガイドの説明を聞きながら、遺構を堪能しよう。ツアー所要時間は約2時間30分〜。

午後＊ご当地グルメを味わう
長崎市街へ戻り、トルコライスやちゃんぽんなど、ご当地グルメをランチに。午後は大浦天主堂やグラバー園などの市内観光へ。

2日目

午前＊出島で街並みを散策
江戸〜明治時代の当時の建物や街を再現した出島和蘭商館跡を訪ねよう。

午後＊疲れを癒やしてくれる食事
出島には長崎新地中華街のほか、長崎出島ワーフなどもあるのでそこでディナーを。

端島神社 ●はしまじんじゃ
海の神、金毘羅と炭鉱の神、大山祇の合祀といわれている端島神社の神殿。毎年春に作業員の安全を祈願し、神輿を担ぐ「山神祭」があった。※見学は不可

端島小中学校跡 ●はしましょうちゅうがっこうあと

昭和49年(1974)に閉校。7階建てで1階から4階が小学校、5階と7階が中学校、6階が図書館や体育館という造りだった。※見学は不可

貯炭場 ●ちょたんば
第1見学広場から見た景色。貯炭場へ石炭を運ぶベルトコンベア跡が見どころ。

金鉱で栄えた跡が今も残る自然豊かな島
佐渡島 ○さどがしま

竜王洞はモーターボートやシーカヤックで、中に入ることもできる

ようこそ佐渡島へ
佐渡南端の琴浦地区にある「竜王洞」は、佐渡版・青の洞窟として多くの人が訪れます。天気の良い日に太陽の光が差すと、海の色が美しい青に光って見えます。
●佐渡観光交流機構 栗山さん

北沢浮遊選鉱場跡。東洋
一の浮遊選鉱場とも呼ばれ
た近代遺産の象徴

日本海側最大の離島
トキとノスタルジックな景色も魅力

　東京23区の1.5倍の面積を持ち、北方領土を除く離島のなかでは最大。8世紀より遠流（島流し）の地とされ、配流された順徳天皇や世阿弥によって中央の上流文化が島にもたらされた。江戸時代に北前船の寄港地となって町人文化も流入し、それらが融合して島に独自の郷土芸能が育まれた。

　17世紀初頭に日本最大の金鉱脈が発掘されると、佐渡は金山の島として全国に知れ渡る。往時の様子を再現した史跡・佐渡金山は、今では人気の観光地となっている。佐渡金銀山ガイダンス施設「きらりうむ佐渡」では佐渡金銀山の歴史が学べる。また、古い街並みの宿根木集落、景勝・七浦海岸など見どころは多い。

島のキホン

新潟県佐渡市
面積 約856km² **周囲** 約281km **人口** 約5万2000人（令和2年5月） **最高地点** 1172m（金北山）
問い合わせ先 佐渡観光交流機構（ビジット・ジャパン案内所）
☎0259-27-5000
佐渡観光交流機構（相川案内所）　☎0259-74-2220

島への行き方

| 新潟港 | ジェットフォイルで約1時間10分 | 佐渡島 |

短時間で島に渡るなら佐渡汽船のジェットフォイルがおすすめ。船体を海面に浮上させるので、揺れも少ない。マイカーで島内を巡りたいならカーフェリーの利用を。ジェットフォイルに比べ低料金で、欠航も少ない。約2時間30分で到着。

おすすめの季節はいつ?

春～夏がおすすめ。高山植物が見頃を迎える
島の北部にある奇岩・大野亀で咲くトビシマカンゾウの壮大な大群落は緑と黄色のコントラストが美しい。「花の百名山」にも挙げられるドンデン高原では、多くの高山植物が見られる。
雪割草▶3月下旬～4月中旬　**カタクリ▶**4月下旬～5月下旬
サンカヨウ▶5～6月　**トビシマカンゾウ▶**5月下旬～6月中旬

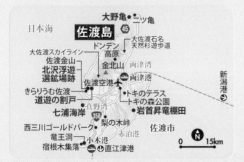

岩首昇竜棚田 ●いわくびしょうりゅうたなだ

標高350mの山の中腹部に位置する棚田で、江戸時代に開田したものが今も残っている。山の麓から見ると棚田が右へ左へと龍が天に昇るように続いていることからこの名がついた。一番上の展望小屋からの眺めが美しい。

道遊の割戸 ●どうゆうのわれと

相川金銀山の金脈を掘り進めたことでできた山の亀裂で、その深さは約74m、幅30mにもおよぶ。佐渡島の金鉱産業の歴史を物語る場所のひとつ。

大野亀 ●おおのがめ

奥に見える標高167mの巨大な岩で、初夏にはトビシマカンゾウ約100万本が一面に咲き誇る花の名所でもある。

　ワンポイント　レンタカーは両津港周辺に営業所があり、観光バスや観光タクシーも充実している。

トキ

特別天然記念物のトキ。国中平野の田園地帯では、放鳥されたトキが時折優雅な姿を見せる。飼育中のトキが見られるトキの森公園や、野生のトキを観察できるトキのテラスなどで見られる。

七浦海岸 ●ななうらかいがん

島の西部に位置し、夕日の美しさで名高い。2つの岩が寄り添うように立つ夫婦岩も人気。

島での過ごし方
佐渡の歴史と文化にふれる

1日目

午前＊新潟港から船で両津港へ
ジェットフォイルまたはカーフェリーで島に到着。

午後＊400年の歴史を持つ佐渡金山へ
坑道探検や産業遺産巡りなど多様なコースが揃い、繁栄に貢献した先人たちの営みが垣間見える。天気が良い日には、七浦海岸の夕日を見に行くのもおすすめ。

2日目

午前＊自然を楽しみ、
　　　佐渡最古の砂金山に立ち寄る
景色の良い大佐渡スカイラインを通って島の南部へ。西三川ゴールドパークでは砂金採りの体験もできる。

午後＊レトロな港町
小木半島には、古き良き街並みが残る。佐渡伝統のたらい舟にも挑戦したい。

3日目

午前＊特別天然記念物
　　　トキが間近で見られる
トキの森公園は、トキの保護や繁殖を行っている施設。資料館ではトキの生態や保護活動のことなどが学べる。窓越しに採餌するトキの姿が見られることも。

午後＊おみやげをゲット
島の名産品を購入し、新潟港行きの船に乗船。

181

軍用基地の歴史を物語る数々の遺構

猿島 ●さるしま

ようこそ猿島へ
猿島は東京湾に唯一残された自然島
です。レンガ造りのトンネルを抜けると
木々から光が差し、そこはもう別世界。
ぜひ島に癒やされに来てください。
●横須賀市観光案内所のみなさん

横須賀から約10分で着くと
レンガに苔むす幻想的な無人島

　東京湾に残された唯一の自然島。13世紀、鎌倉へ向かう途上に、海上で嵐に遭った日蓮上人が、一匹の白猿に導かれてこの島にたどり着いたとの伝説が残る。幕末に台場が築かれてから戦後を迎えるまで、島は軍事要塞として利用された。明治中期の赤レンガ積みの弾薬庫や兵舎、多くの砲台跡などの戦争遺跡が深い森の中に点在する。長い間一般の立ち入りが禁止されていた。今では、公園としても整備され、海水浴やBBQ、磯釣り、歴史遺産エリアの散策が楽しめる。

島での過ごし方
猿島と横須賀を満喫する1日

日帰り

午前＊「YOKOSUKA軍港めぐり」クルーズを楽しむ
海上自衛隊などの艦船を間近に見られる横須賀ならではの観光船「YOKOSUKA軍港めぐり」に乗船。汐入ターミナル発着で所要時間は約45分。海上から見る艦船は迫力満点だ。

午後＊メインイベント、猿島探検と記念艦「三笠」見学
猿島は小さな島なので、のんびり散策しても1時間ほどで一周できる。島に残る要塞の数々を目に焼き付け、島から戻ったら三笠公園に保存されている記念艦「三笠」を見学しよう。有料だが艦内に入ることもできる。

ワンポイント　猿島唯一のレストラン「オーシャンズキッチン」では新鮮な海の幸を使用したグルメや横須賀海軍カレーが食べられる。

猿島に到着するとゲートがお出迎え。描かれた猿の絵がかわいらしい

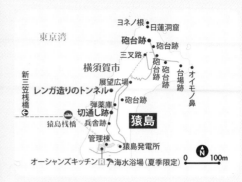

東京湾

ヨネノ根　●日蓮洞窟
砲台跡　　砲台跡
三叉路　　砲台跡
横須賀市　　砲台跡　　台場跡
　　　展望広場　　砲台跡　●オイモノ鼻
新三笠桟橋
レンガ造りのトンネル　砲台跡
　　弾薬庫
　　　切通し跡
猿島桟橋　　兵舎跡　　　猿島
管理棟
　　　　　●猿島発電所
オーシャンズキッチン　海水浴場（夏季限定）

N　0　100m

島のキホン

神奈川県横須賀市　**面積** 0.05㎢　**周囲** 1.6km
人口 無人島　**最高地点** 40m
問い合わせ先
横須賀市環境政策部公園管理課　📞046-822-9561

島への行き方

三笠桟橋 ▶ フェリーで約10分 ▶ **猿島桟橋**

神奈川県横須賀市の新三笠桟橋からトライアングルのフェリーが出ている。三笠発も猿島発も夏季は1日8便、冬季は1日7便、1時間ごとに1便運航しており、出航時刻前に定員となった場合は、臨時便が出ることもある。三笠桟橋への最寄り駅はJR横須賀駅、京浜急行・横須賀中央駅、汐入駅の3駅。徒歩約10〜25分。

おすすめの季節はいつ?

夏は特に賑やか
BBQが楽しめる4〜9月がおすすめ

一年を通して観光できるが、おすすめは春〜夏。春から初夏にかけては緑が色づき、要塞に落ちる木漏れ日が美しい。夏を迎えるとBBQや釣りなどを楽しみに、レジャー感覚で訪れる人も多くなる。
海水浴 ▶ 7月中旬〜8月末

猿島わかめ ●さるしまわかめ

猿島周辺の海で養殖されるわかめは、普通のわかめに比べて厚みがあり、香りと旨みが口の中で広がる。

要塞の切通し跡。レンガは、国内でも珍しいフランス積と呼ばれる積み方

レンガ造りのトンネル
●レンガづくりのトンネル

全長約90m。明治17年（1884）に完成した。トンネルに並行して弾薬庫が併設。

砲台跡 ●ほうだいあと

コンクリート式の昭和前期の砲台跡。東京湾を一望できる場所で、階段を下ると日蓮上人がこもって修行をしたと伝わる「日蓮洞窟」がある。
※崩落の危険があるため現在は見学不可（日蓮洞窟含む）

森の中で眠る砲台跡が印象的な無人島

友ヶ島 ●ともがしま

第3砲台跡。中央の円形部分が砲座で、大砲が置かれていた

終戦まで地図に存在しなかった要塞島の歴史に思いを馳せる

友ヶ島とは、和歌山県の紀淡海峡に浮かぶ地ノ島、神島、沖ノ島、虎島の4つの島の総称のこと。中心となる沖ノ島は明治時代から大阪湾を外国から防衛する要塞としての役割を果たし、5つの砲台が設置された。今も砲台跡や弾薬庫、聴音所が残り、一部は見学が可能だ。現在はハイキングコースやキャンプ場も整備され、観光スポットとしても人気に。島西部の子午線広場には東経135度の日本標準時子午線が通っており、通過点の日本最南端の地でもある。鬱蒼とした森の中に現れる要塞跡が幻想的だ。

島での過ごし方
歴史ロマンを感じる充実日帰り旅

日帰り

午前 ＊ 上陸! 第3砲台跡など歴史スポットを探訪
友ヶ島の野奈浦桟橋に到着。第3砲台跡へ向かい、島を時計回りに巡る「名所探訪コース」がおすすめ。友ヶ島は緑だけでなく野奈浦桟橋近くの池尻浜や、孝助松海岸など海の景色も美しい。コースの詳細は和歌山市観光課のHPを確認。

午後 ＊ 友ヶ島灯台などを巡り、帰りの船に乗船
昼食はタカノス山展望台の上で絶景を眺めながらがおすすめ。旧海軍聴音所跡や子午線広場や友ヶ島灯台を訪ね、コースをまわりきったあとは加太港に戻り、周辺の温泉で疲れを癒やそう。

✔ワンポイント　野奈浦広場にはカフェと飲料の自販機があるが、その他の場所にはないため、飲料を準備して探訪しよう。

ようこそ友ヶ島へ

和歌山市観光アプリをダウンロードすると、「要塞島が美術館に。」をコンセプトにした音声ARアート「サウンドスケール」や日本遺産「葛城修験」のガイド機能などのコンテンツが楽しめます。ぜひ、アプリをダウンロードして友ヶ島へお越しください。
●和歌山市観光協会 谷口さん

大阪湾に侵入してくる船がいないか音を聴いていた旧海軍聴音所跡

紀淡海峡
友ヶ島案内センター
池尻浜
第5砲台跡
第2砲台跡
友ヶ島灯台
子午線広場
蛇ヶ池
鯉突ノ鼻
孝助松
海岸
第3砲台跡（弾薬庫）
野奈浦広場
タカノス山展望台
旧海軍聴音所跡
平栄ノ鼻
亀ヶ崎
虎島
神島
沖ノ島
上崎
狛崎
地ノ島
中ノ瀬戸
和歌山市
加太港
深蛇池
和歌山湾

友ヶ島

N 0 500m

島のキホン

和歌山県和歌山市
面積 沖ノ島1.47㎢、地ノ島1.12㎢など
周囲 約8km（沖ノ島・虎島） **人口** 無人島
最高地点 沖ノ島119m（タカノス山展望台）
問い合わせ先 友ヶ島案内センター ☎073-459-0314

島への行き方

加太港 定期船で約20分 ➡ **野奈浦桟橋**

和歌山市の加太港から沖ノ島の野奈浦桟橋へは定期船が運航。3〜11月は1日4便、GWと夏休み期間は1日6便、12〜2月は土・日曜、祝日のみの運航で1日4便（年末年始を除く）。事前予約などはなく当日に整理券を配布。繁忙期は配布終了の場合もある。また、神島と虎島は上陸が禁止されている。

おすすめの季節はいつ?

緑豊かな春〜夏がおすすめ

一年を通して島に渡れる。春〜夏はハイキングスポットとしても人気。友ヶ島には約400種の植物が自生し、夏には照葉樹林が生い茂る景色や湿地植物群落、花ではハマゴウが咲く様子が見られる。
ハマゴウ▶7〜8月 **イワタイゲキ**▶4〜5月
ハンゲショウ▶7月初旬

第2砲台跡
●だいにほうだいあと

紀淡海峡に侵入する敵船を迎撃するために造られた砲台。台風などの影響により、一部壁が崩落しているため、内部は見学不可。

友ヶ島灯台 ●ともがしまとうだい

了午線広場の横にある友ヶ島灯台。明治5年（1872）に完成し、日本最初期に造られた西洋式灯台のひとつ。今も現役で稼働し、国の登録有形文化財にも登録されている。

第3砲台跡（弾薬庫）●だいさんほうだいあと（だんやくこ）

手前は弾薬庫で、中に進むと砲座などがある。中は暗いので懐中電灯は必須。

提供：一般社団法人 和歌山市観光協会

香川 59 塩飽本島

●しわくほんじま

シーボルトも讃えた美しい街並みを残す島

戦国時代、塩飽水軍が名を馳せたノスタルジックな島内の風景

かつては独立政治を許されていた塩飽水軍の活動拠点

　瀬戸大橋の西に位置し、戦国時代に塩飽水軍が活躍した塩飽諸島は大小28の島々からなるが、その中心が塩飽本島。豊臣秀吉から人名という身分を与えられ、自治が認められた珍しい領土で、江戸時代には人名の代表である4人の年寄が今も残る塩飽勤番所で政務を行い、幕末まで続いた。この勤番所には信長や秀吉、家康の朱印状も展示されている。笠島の集落には江戸期から明治時代の建物が数多く残り、それらが形成する美しい街並みは塩飽大工の技量の高さを物語り、重要伝統的建造物群保存地区にも選定。

島での過ごし方
潮風を感じながら街歩き

1日目
午前＊岡山児島観光港から本島港へ向かう
到着後、宿泊先にチェックイン。昼食を済ませておく。
午後＊レンタサイクルで歴史スポットや瀬戸内の景色を楽しむ
塩飽勤番所跡や笠島集落など島内の見どころを巡る。行く先々で瀬戸内の美しい眺望も楽しめる。

2日目
午前＊瀬戸大橋を一望できる本島泊海水浴場で海遊び
環境省が選ぶ快水浴場百選でも有名な海水浴場へ。瀬戸大橋を一望できる絶景スポットとしても人気。
午後＊コミュニティバスで島内の見どころを訪ねる
1日5便運行しているコミュニティバスに乗り、島の風景を楽しみながら、途中下車してみるのもよい。江戸時代に使われた芝居小屋が今も残る木烏神社やゆるぎ岩観音など見どころ満載。

186

ワンポイント　島内には築100年以上の古民家を利用した民宿があり、食事では地元で獲れた魚料理が味わえる。

塩飽本島を上から撮った写真。瀬戸内海に囲まれた多島美は絶景

塩飽本島

フクベ鼻　烏小島　大浦港　高無坊山　遠見山　笠島まち並保存地区　新在家港　児島観光港　丸亀港
四社神社卍　八幡神社卍　卍長徳寺　カメヤマ鼻
尻浜港　正覚院卍　塩飽勤番所跡　卍東光寺
木烏神社卍　本島港　ジョウケンボ鼻　本島水浴場
生ノ浜港　卍常福寺　卍阿弥陀寺
ゆるぎ岩観音　丸亀市
カブラサキ鼻

N　0　800m

島のキホン

香川県丸亀市　[面積] 6.75km　[周囲] 約17km
[人口] 約280人(令和3年7月)　[最高地点] 204m(小阪山)
[問い合わせ先] 塩飽本島観光案内所　☎0877-27-3077

島への行き方

児島観光港	高速船で約30分	
丸亀港	高速船、フェリーで約20～35分	本島港

岡山県の児島観光港からの場合、むくじ丸海運の旅客船が1日4便運航している。香川県の丸亀港の場合、本島汽船からフェリーと高速船が1日4便ずつ計8便、運航している。

おすすめの季節はいつ?

**暖かくて散策しやすく、海にも入れる
7～8月がおすすめ**

海水浴客で賑わう夏がハイシーズンで、冬には休業する宿や飲食店もある。2010年から3年に一度開催している、瀬戸内国際芸術祭の期間中は、瀬戸内の島々がアート一色に染まり、塩飽本島にも作品が飾られ、多くの観光客が訪れる。
海水浴▶7月中旬～8月中旬

ようこそ塩飽本島へ
本島はレンタサイクルで巡るのがおすすめ!さわやかな潮風にあたりながら、塩飽の歴史を物語る貴重な資料が展示されている「塩飽勤番所」や江戸・明治の貴重な建築群からなる歴史ある街並み「笠島まち並保存地区」、瀬戸大橋を真横から眺める瀬戸内海の絶景をお楽しみください。
●丸亀市産業観光課 金子さん

ゆるぎ岩観音
●ゆるぎいわかんのん

落ちそうで落ちない2つの巨石と下の岩に彫られた磨崖仏が印象的。仏が頬に手をついている様子から「歯痛の神様」とも。

本島泊海水浴場
●ほんじまとまりかいすいよくじょう

白い砂浜と透き通った水が美しい海岸。遠浅で泳ぎやすく、夏は多くの人で賑わう。海からは瀬戸内海の島々を一望でき、南には同じく塩飽諸島のひとつの牛島、東の奥には瀬戸大橋が望める。

塩飽勤番所跡 ●しわくきんばんしょあと

かつては塩飽地区を治めていた役所である塩飽勤番所跡。現在は中で資料を展示しており、信長らの朱印状や航海図などが見られる。

長崎
60

古代の息吹を感じるパワースポット

壱岐. いき

> 九州と対馬の間、玄界灘に浮かぶ
> 古来栄えた文化の中継地

　行政区分としては長崎県だが地理的には佐賀県に近く、呼子の沖26kmほどの位置にある。九州本土と対馬の間に位置し、その先には大陸があるため古くから中国と九州を行き来する船の中継地であった。幡鉾川の下流にある原の辻遺跡は『魏志倭人伝』に記載のある「一大國（一支國）」の都だといわれており、国の特別史跡に指定され、1670点におよぶ出土品が重要文化財となっている。一方、『日本書紀』に敵襲を知らせるための烽を置くと記されたり、2度にわたる元の襲来を受けたりと地理的要因による苦難の歴史を経てきた土地でもある。

巨石古墳が点在する南北約17km、東西約15kmの島

日本の奇岩百景にも選ばれている猿岩。夕日を背にしたアングルは壱岐屈指のビューポイント

果ての時に生きた旅人の場所

壱岐

原の辻一支国王都復元公園
●はるのつじいきこくおうとふくげんこうえん

国の特別史跡である原の辻遺跡の調査が終わった部分を整備した公園。中心域では一支国の王都として栄えた弥生時代後期の姿を復元している。数々の歴史を塗り替える貴重な発見があった場所。入場無料。

筒城浜海水浴場 ●つつきはまかいすいよくじょう

約600m続く白浜は遠浅で波も穏やかなので、夏には数多くの海水浴客が訪れ、賑わいをみせる。キャンプ場やスポーツ施設を擁する筒城浜ふれあい広場が隣接する。快水浴場百選や日本の渚百選にも選ばれている。

島のキホン

長崎県壱岐市　面積 約135km²　周囲 約176km
人口 約2万6000人（令和3年6月）
最高地点 213m（岳ノ辻）
問い合わせ先 壱岐市観光連盟　☎0920-47-3700

島への行き方

| 博多港 | ジェットフォイルで約1時間10分 | 壱岐 |
| 長崎空港 | 飛行機で約30分 | |

博多港からの九州郵船のジェットフォイルは1日4便で、夏場や祝日は増便。フェリーも出ており、車を持ち込むならこちら。所要約2時間10〜20分。ジェットフォイル、フェリーともに、郷ノ浦港または芦辺港のどちらかに停泊。それぞれ離れているので、便に合わせて宿泊先やレンタカーを手配したい。ほかに唐津東港から印通寺港行きのフェリーがあり、所要約1時間45分。空路は長崎空港からORC（ANAと共同運航）が1日2便の運航。

おすすめの季節はいつ?

夏はウニと海を、冬は寒ブリが満喫できる

海水浴が楽しめる夏がハイシーズンだが、遺跡や景勝地の観光がメインならば気候の良い秋がおすすめ。冬は玄界灘が荒れ船便が欠航になることも稀にあるが、この時季ならではの海の幸が楽しめ、温泉も満喫できる。
山桜▶3月下旬〜4月上旬　ウニ▶4月中旬〜9月
寒ブリ▶12〜1月

✔ワンポイント　宿泊施設は郷ノ浦・芦辺の両港や空港の周辺が多い。島の西部にある湯ノ本温泉の宿もおすすめ。

気になる！ 春一番の本当の意味は？

春先に吹く強い南風を指す「春一番」という言葉。春の訪れを告げる明るい意味で使われるが、元は壱岐の漁師言葉で、春の強風の恐ろしさを表していた。安政6年（1859）の春、大量の遭難者を出す転覆事故があり、これをきっかけに全国的に広まったという。郷ノ浦港近くの元居公園に春一番の塔が立つ。

一支国博物館 ●いきこくはくぶつかん

島内から出土した弥生・古墳時代の遺物を中心に展示。復元した古代船や模型を用いて当時の様子をわかりやすく紹介している。東アジア全体の歴史を通して壱岐の通史を解説する。世界的建築家・黒川紀章がデザインを手がけた建物にも注目を。

猿岩 ●さるいわ

島の西部・黒崎半島の先端にある、高さ45mの玄武岩。その名のとおりそっぽを向いたサルにそっくり。壱岐島誕生の神話に出てくる8本の柱のうちのひとつで、時間帯によって表情も変わる。展望所の近くには黒崎砲台跡がある。

壱岐イルカパーク＆リゾート
●いきイルカパーク＆リゾート

入り江を利用して造られた海浜公園で、ハンドウイルカが飼育されている。1日2回（10時〜、14時30分〜）に実施される「トレーニングタイム」では、訓練の様子が見学できる。

辰の島遊覧船 ●たつのしまゆうらんせん

壱岐の北西約2kmに位置する無人島・辰ノ島を周遊する。見どころはエメラルドグリーンの海と玄界灘の荒波がつくり上げた奇岩・断崖の数々で、圧倒的な自然美が堪能できる。3月下旬〜11月の間は1日6便運航。島に上陸できるプランもある。

ようこそ壱岐へ

日本と大陸の中間に位置し歴史的に重要な役割を果たしてきた壱岐島。神社が数多く点在し、島全体がパワースポットとされています。ウニなどの海鮮、壱岐牛、麦焼酎など「実りの島壱岐」のグルメもお楽しみください。
●壱岐市観光連盟 富田直樹さん

ウニ丼 ●ウニどん

壱岐のいちばんの名物ウニをご飯に贅沢にのせる。特に、初夏から旬を迎えるアカウニは、濃厚な味わいで、九州外ではなかなか食べられない珍品。

壱岐牛 ●いきぎゅう

牛の飼育で長い歴史を持つ壱岐で育ったブランド牛。潮風が牛のストレスを和らげ、牧草にも適度な塩分を与えるという。霜降りのやわらかな肉質は全国的にも評価が高い。

島での過ごし方
歴史スポットと自然美を満喫

1日目

午前＊壱岐に着いたらレンタカーで出発
博多港からジェットフォイルで郷ノ浦港へ到着。手配しておいたレンタカーで出発。

午後＊壱岐の海を満喫、古代遺跡や博物館へ
名物のウニ丼や壱岐牛で昼食をとり、筒城浜できれいな海を眺めてのんびり。続いて原の辻遺跡や一支国博物館を訪ね、壱岐の古代に思いを馳せる。

2日目

午前＊壱岐の人情や自然とふれあう
島の北端にある勝本港の朝市へ。そのあとは近くの壱岐イルカパーク＆リゾートでイルカを観察。猿岩や辰の島遊覧船からの断崖などで、自然美を満喫。

午後＊ジェットフォイルで島を離れる
船の時間に合わせて郷ノ浦港へ。港周辺のお店でおみやげを買ったら乗船。博多港へ。

万葉集にも詠われた神舞の島

祝島 ●いわいしま

島のあちこちで見かける島猫は、人懐っこくて観光客にも人気

航海の安全を守り続ける独特な防風壁が点在する島

　周防灘の東端に位置し、古くから行き交う船の航行安全を守る「神の島」として知られ、『万葉集』にも詠われている。気候は温暖だが冬の季節風が強いため、"石積みの練塀"という珍しい光景が島のいたるところで見られる。これは石と土を交互に積み上げて、表面を漆喰で塗り固めたもので、厚さは50cmにもなり、強風や火災から家を守る。島の南端に近い山の中腹には「平さんの棚田」がある。急な斜面に30年の歳月を費やして造り上げた、3段の城壁のような棚田で、見る者を圧倒する。

神舞神事 ●かんまいしんじ

4年に一度、大分県国東半島にある伊美別宮社から御神体を招き、大祭が行われる。神様を乗せた御座船と、大漁旗を掲げたたくさんの奉迎船や櫂伝馬船が、海上を行き交うさまは壮観。神様を迎えたのち、島では神楽が連日行われる。2020年はコロナ禍の影響で中止、次回は2024年に開催を予定している。

ようこそ祝島へ

祝島観光案内所では、石積みの練塀の小路を歩いて巡りながら、祝島の歴史や観光スポットをご案内する「練塀ガイドツアー」を開催しています。ツアーは約1時間、歩く距離は1kmくらい。祝島に着いたら、まずこのツアーに参加されることをおすすめします。（要予約・有料）
●祝島観光案内所 國弘秀人さん

周防灘 　祝島 　石積みの練塀
小祝島 　アコウの樹 　山桜群生林 　祝島港 　柳井港・室津港
三浦湾 　上関町 　照満寺卍
小島 　宮戸八幡宮卍
　行者堂 　東の浜
平さんの棚田 　烏帽子鼻

N　0　1km

島のキホン

山口県熊毛郡上関町　面積 7.68㎢　周囲 約12km
人口 約330人（令和3年6月）　最高地点 357m
問い合わせ先 祝島観光案内所　090-1332-4897

島への行き方

| 柳井港 | 定期船で約1時間10分 | → | 祝島港 |
| 室津港 | 定期船で約40分 | | |

鉄道利用の場合は、JR柳井駅前の港から定期便を利用。1日2便。車の場合は、柳井駅から車で約30分の室津（無料駐車場あり）まで移動し、1日3便出ている定期便でのアクセスが便利。四国方面からは、三津浜港からフェリーで柳井港へアクセス。

おすすめの季節はいつ?

年間を通して温暖な気候

特産のビワは初夏、地元で「不老長寿の実」といわれているコッコーは冬に収穫時期を迎える。岩礁が多い海岸は、真鯛など高級魚の宝庫としても有名。夏のタコが干された光景も。山歩きなら秋から春がおすすめ。特に春には山桜の見事な群生が見られる。
ビワ▶6月　コッコー▶11月下旬～1月

島の南側斜面の中腹にある平さんの棚田。棚田の石垣では日本最大級

島の人々の昔ながらの知恵が詰まった、石積みの練塀

島での過ごし方
時間を忘れて街に溶け込む

1日目
午前＊午前発の定期船で祝島へ
到着後、宿泊先のチェックインを済ませ島内散策へ。島特有の石積みの練塀を見ながら集落をひと巡り。石垣や細い路地を歩き、島猫と戯れて時間を過ごそう。
午後＊空と海と棚田の風景を楽しむ
親子3代で造ったという巨大な石垣の棚田「平さんの棚田」は必見。集落に戻ったら、レンタサイクルで三浦湾まで潮風を受けながら片道30分ほどのサイクリング。瀬戸内海に沈む夕日を眺めたい。

2日目
午前＊出発までは東の浜でのんびり
東の浜は気持ちのいい小石の浜。シーグラスを拾ったり海を眺めたり、夏は海水浴を楽しむのもよい。

三浦湾からは瀬戸内海に沈む美しい夕日を見ることができる

ワンポイント　集落の中に溶け込むように旅館と民宿が2軒営業しており、家庭的な雰囲気で滞在できる。

長崎
62

異国情緒と歴史ロマンあふれる城下町

平戸島 ●ひらどじま

世界文化遺産

平戸島に架かる全長665m、
高さ30mの平戸大橋。平戸
大橋公園から一望できる

春日の棚田 ●かすがのたなだ
平戸島西岸に位置し、安満岳の
尾根に囲まれた棚田。海とグリ
ーンのコントラストが美しい。

ようこそ平戸島へ
2021年4月に平戸城がリニューアルされ、
平戸の歴史を学べるだけでなく、体験コー
ナーも備わり、家族で楽しめるようになりま
した。観光の際は、平戸観光ウェルカムガイ
ドをぜひご利用ください。
●平戸観光ウェルカムガイド 下田峰子さん

トビウオ（アゴ）

だしのおいしさで知られるトビウ
オは「アゴ」とも呼ばれる島の代
表的な魚。平戸で獲れるのは細ト
ビウオと筑紫トビウオの2種類で
新鮮なものは刺身でもおいしい。

ヨーロッパ諸国の貿易で栄えた
人の手と文化が育む景観の美しい島

　遣隋使、蒙古襲来の時代から海上交通の要所であ
ったが、歴史上、特に平戸が重要な意味を持つのは
戦国期から安土桃山の頃から。ポルトガルやオラン
ダ、スペイン、イギリスなどヨーロッパの船が次々
と来着したことで、キリスト教の布教と南蛮貿易の
舞台となった。貿易港が出島に限定されて以降は平
戸藩の城下町として栄え、今も商館の跡地や教会群、
松浦家の居城が残るなど、往時の面影を宿している。
それからもうひとつ、平戸には必見の景色がある。
潜伏キリシタンが拓いたとされる春日集落の棚田だ。
山から海に至る急な斜面に手入れの行き届いた美し
い田が続く眺めは、400年以上もの間、姿を変えて
いないという。

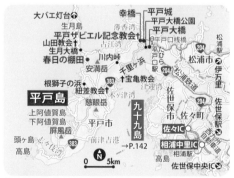

島のキホン
長崎県平戸市 **面積** 約163km² **周囲** 約204km
人口 約3万人（令和3年7月）
最高地点 536m（安満岳）
問い合わせ先 平戸観光協会 ☎0950-23-8600
平戸市役所 ☎0950-22-4111

ワンポイント 民宿、旅館、ホテルなどはほとんど島北部の市街地に集中。夕食は新鮮な海鮮料理が期待できる。キャンプ場もある。

平戸城 ●ひらどじょう

享保3年（1718）に築城された平戸藩松浦氏の拠点。現在の城郭は昭和中頃に復元されたもの。

幸橋 ●さいわいばし

オランダ橋の異名を持つ。城と城下町をつなぐアーチが見事。

島への行き方

長崎空港	車で約1時間50分	→ 平戸島
佐世保駅	電車で約1時間20分	

長崎空港近くの大村ICから長崎自動車道に入り、西九州自動車道を通って、佐々ICから県道227号・国道204号を通って平戸大橋へ。電車なら佐世保駅から松浦鉄道で平戸島対岸にある、たびら平戸口駅へ。路線バスなら佐世保駅前から平戸口桟橋まで行ける。島内はバスが走っているが、便数・路線ともに使いづらいので平戸市街地以外も観光するならレンタカーがおすすめ。

おすすめの季節はいつ?

季節の特産物を楽しみに

旅行時期はいつ訪れてもよいが、春は黄砂に注意したい。棚田の青々とした景色を見るなら5～6月、マリンアクティビティが目的なら夏がおすすめ。秋のトビウオ、冬のヒラメと、四季を通じて旬の魚もさまざま。海鮮好きならチェックして訪れたい。
平戸ひらめまつり▶1月中旬～3月　トビウオ▶9～10月

気になる! 今も静かに続く
潜伏キリシタン信仰

「潜伏キリシタン」とはキリスト教弾圧が終わったのちも、カトリック教会には依らず潜伏時の方法で信仰を続ける人々のこと。こうした日本文化や宗教と融合して独特のキリスト教信仰を育んできた12の資産が、「長崎と天草地方の潜伏キリシタン関連遺産」と称され、2018年7月に世界文化遺産として登録された。

島での過ごし方
島巡りはレンタカー必須

1日目
午前＊車窓から静かな大村湾を眺めつつ移動
飛行機で長崎空港に到着。大村駅から、海沿いの車窓が人気のJR大村線・佐世保線で佐世保駅まで移動。
午後＊佐世保名物を堪能しながら平戸へ到着
お昼に佐世保バーガーを食べて、レンタカーで移動。九十九島などに立ち寄りつつ、平戸島の民宿へ。

2日目
午前＊漁船で海に出たあとは、生月島を観光
早朝から漁師体験。体験のあとは新鮮な魚の朝食を。車で生月島に渡り、山田教会や大バエ灯台などを巡る。
午後＊教会を目指して島をぐるりと一周
生月島で鯨料理を堪能したら、いよいよ平戸島巡り。春日の棚田や宝亀教会、平戸ザビエル記念教会、紐差教会などをまわって、潜伏キリシタンの里らしい風情を楽しむ。

3日目
午前＊佐賀と長崎の陶器工房を見学
島を出発して、有田、波佐見、伊万里など焼物の名産地をぶらぶら訪ねつつ掘り出し物探し。
午後＊温泉でリラックス。平戸名物は空港で
嬉野温泉に立ち寄り、日帰り湯とランチを楽しんだら長崎空港へ。おみやげにトビウオの練り物も忘れずに。

平戸ザビエル記念教会
●ひらどザビエルきねんきょうかい
平戸市街地の丘の上に建つ、尖鋭な屋根と十字架が特徴的な教会。

大崎下島 ●おおさきしもじま

ようこそ大崎下島へ
江戸時代〜昭和初期にかけて物流の拠点としてだけでなく、歓楽街としても栄えた大崎下島は、当時の遊郭「若胡子屋（わかえびすや）」が今も残されています。
●豊町観光協会 石田さん

圧倒的なミカンの段々畑と江戸時代から残る景色に出会う

　島の東端に位置する御手洗の街は、18世紀に北前船などの廻船の潮待ち、風待ちの港町として栄え、シーボルトも寄港したという。現在も江戸時代後期から明治、昭和初期の建造物が多く残り、1994年には重要伝統的建造物群保存地区に選定され、ノスタルジックな風景に出会える。歴史の見える丘公園に立てば御手洗の街並みや来島海峡などが一望できる。玄関口である大長は大長みかんの産地としてよく知られる。山々のほぼ全体にミカンの段々畑が広がり、四季折々の美しい景観を見せる。

島での過ごし方
広島観光に組み入れよう

1日目
午前＊広島市内の観光スポットを巡る
平和記念公園などを散策し、お好み焼でランチ。
午後＊広島市の中心街でショッピング
本通・並木通りの周辺は広島県内随一のショッピングエリア。おみやげからファッションまで何でも揃う。

2日目
午前＊バスに乗って大崎下島へ向かう
JR呉駅やJR広駅まで鉄道を利用してからバスに乗ったほうが早い場合もあるので、検討したい。
午後＊御手洗地区の街並みを散策
街そのものが絵になるので、カメラを忘れずに。ミカンの時季なら、農園へミカン狩りに出かけてもいい。この日は島内の宿に1泊。

3日目
午前＊在来線や新幹線で尾道を目指す
早朝のバスで広島駅または呉駅に向かい電車で尾道へ。広島駅から新幹線のほうが早いが、新尾道駅が最寄りなので、そこからバスやタクシーで中心部に移動する必要がある。
午後＊坂の街・尾道をじっくりと観光する
お寺や映画のロケ地巡り、レトロな商店街でのショッピングなどを楽しもう。休憩は眺めのいいカフェで。尾道ラーメンや尾道焼きなど、名物の味も試したい。

ワンポイント　大崎下島からフェリーで渡れる大崎上島にも注目。橋は架かっておらず、ゆったりとした風情で、映画のロケ地にもなった。

江戸時代から昭和初期の古い建物が残り、レトロな気分で散策できる御手洗地区

島のキホン

広島県呉市　**面積** 約17㎢　**周囲** 約26km
人口 約2900人（令和3年3月）　**最高地点** 449m（一峰寺山）
問い合わせ先 呉観光協会　☎0823-21-8365

島への行き方

広島バスセンター ── バスで約2時間20分 → **大崎下島**

さんようバスが運行する「とびしまライナー」に乗車。島内にはバス停が数カ所あり、御手洗地区にも停車する。「とびしまライナー」はJR呉駅、JR広駅からも乗車可能。JR広駅からは瀬戸内産交バスも利用できる。安芸灘とびしま海道は人気のドライブコースでもあるため、レンタカーもおすすめだ。

おすすめの季節はいつ?

柑橘類の旬を楽しめる11〜12月がおすすめ

11〜12月頃には、島の農園でミカン狩りの体験をすることができる。一方、レモンは11月頃まではグリーンレモンが中心だが、12月に入るとイエローレモンの出荷が始まる。
大長みかん▶11〜12月
大長レモン▶12〜5月 ※グリーンレモンは8〜11月

柑橘類の栽培
● かんきつるいのさいばい

大長レモン、大長みかんなど、昔から柑橘類の栽培が盛ん。

柑橘類の加工品
● かんきつるいのかこうひん

ミカンやレモンなどの柑橘類はそのまま購入してもいいが、おみやげには加工した食品がぴったり。素材の味が楽しめるジュースやジャムから、さわやかな風味の柑橘菓子、みかん味噌などの変わりダネまで揃っている。

平野理容院 ● ひらのりよういん

御手洗の街並みに溶け込むように店を構える理髪店。CMの撮影ロケ地としても知られる。

199

赤瓦にブーゲンビリア。沖縄の原風景が広がる

竹富島 ●たけとみじま

赤瓦の民家と白砂の道が続く
昔ながらの沖縄らしい風景。あか
やま展望台から、伝統的な趣を
残す静かな街並みが一望できる

まるごと国立公園の島で
八重山諸島の文化にふれる

島全体が西 表 石垣国立公園に指定され、明る
く透明な海と白砂、星砂のビーチが美しい。海は
遠浅でサンゴ礁に守られているため波は穏やか。
のんびりと海水浴を楽しむのに最高の環境だ。だ
が、この島最大の魅力は街の景観にある。集落に
はシーサーを載せた赤い瓦屋根とサンゴ岩を積ん
だ石垣を囲む伝統的な家が立ち並び、家々をつなぐ白
砂の道は情緒満点。道の途中や家々の庭先
には鮮やかな色をたたえる南国の花々と濃い緑が
配され、実に沖縄らしい。散策には水牛車がおす
すめで、ガイドによる民謡「安里屋ユンタ」と三
線を聴きながらまわることができる。

果ての時に生きた旅人の場所

竹富島

国の登録有形文化
財に登録されている
「なごみの塔」。米軍
統治時代に築かれた
貴重なモニュメント

ミサシ御嶽
竹富島ゆがふ館
竹富東港
喜宝院蒐集館
西桟橋
あかやま展望台
ニーランの神石
なごみの塔
コンドイ浜
ブーゲンビリアの道
コンドイ岬
竹富島
カイジ浜
(星砂の浜)
竹富町
アイヤル浜
養殖場
石垣港離島ターミナル
0 800m N

島のキホン

沖縄県八重山郡竹富町 面積 5.43㎢ 周囲 9.2km
人口 約350人(令和3年6月) 最高地点 33m
問い合わせ先 竹富町観光協会 ☎0980-82-5445

島への行き方

石垣港離島ターミナル → 高速船で約10〜15分 → 竹富東港

石垣港離島ターミナルから竹富東港へは高速船が1日約20便。往復1340円。

おすすめの季節はいつ?

おすすめは3〜10月。気温が高いので体調に注意

沖縄本島やほかの八重山諸島の島に比べ、年間を通して平均気温が1℃ほど高い。特に夏は熱中症に注意したい。5月〜6月下旬は梅雨、7〜9月は台風の襲来が増え、10月にも雨が多く降る。海水浴は4〜10月まで楽しめる。
種子取祭 ▶ 旧暦の9月頃

ようこそ竹富島へ
日中は観光客が多い集落も早朝はとても静かで島民が砂の道を掃き清める姿がなんとも心に残る風景になると思います。こんなにも神聖な朝を迎えられるのは竹富島ならではです。
●竹富町観光宣伝部長 ピカリャ〜

西桟橋 ●にしさんばし

夕日の名所として知られる桟橋。竹富島の西岸に位置する。

ブーゲンビリアの道
●ブーゲンビリアのみち

古民家の壁を覆うブーゲンビリア。白砂の道沿いを鮮やかに彩る。

水牛車 ●すいぎゅうしゃ

およそ30分の所要時間で、ガイドさんに案内されながら島内の観光スポットを巡る。料金は1500〜2000円。予約なしで乗ることができるのもうれしい。

ワンポイント 伝統建築を模した部屋に宿泊できるリゾートホテルが数軒あるほか、安価で泊まれるゲストハウスや民宿などがある。

島での過ごし方
風情あふれる街並みを歩く

1日目
午前＊八重山諸島の玄関口、石垣島へ
飛行機で新石垣空港に到着。
午後＊石垣島の魅力を存分に堪能する
観光スポット巡りや半日ツアーでのシュノーケリング、トレッキングなどを楽しむ。石垣島に宿泊。

2日目
午前＊竹富島の景観を水牛車や
　　　展望台から眺める
石垣港離島ターミナルからフェリーで竹富島へ。まずは竹富島ゆがふ館で島の情報を収集し、水牛車に乗り島内を観光。あかやま展望台から、島の景色を一望する。
午後＊島の伝統文化を学び、
　　　島内をぶらぶら散歩
昼食のあとは、喜宝院蒐集館で展示を見たり、機織りの実演を見学する。島内をゆったり散歩しながらコンドイ浜へ。沖縄の美しい海辺で過ごしたあとは、西桟橋に移動して夕暮れの絶景を眺めたい。島内に宿泊。

3日目
午前＊静かな白砂の道を、港へと歩く
朝食を食べたら、カイジ浜へ移動して星砂を探して過ごす。島内の景色をのんびりと見てまわりながら、歩いて竹富東港を目指す。
午後＊石垣島から飛行機に乗って帰る
高速船で石垣島に移動。最後に新石垣空港でおみやげ探し。飛行機で帰路につく。

気になる！ 島民が守り伝える文化と美しい景観

　昭和61年（1986）に制定された竹富島憲章は、竹富島の伝統文化と自然・文化的景観を守り、生かすための原則であり、島民たちに強く根付いた考え方だ。2018年には、国内初の星空保護区に認定された。

竹富東港 ●たけとみひがしこう
竹富島の玄関口、竹富東港ではレンタサイクル店の送迎車が駐車場に待機。

瀬戸内海に浮かぶ現代アートの聖地

直島 ●なおしま

ユニークなアートスポットが島の生活空間に溶け込む

　直島諸島の中心となる島で、「ベネッセアートサイト直島」という芸術活動で世界的に知られる。島内にはアート作品を鑑賞できるスポットが点在し、フェリーが発着し草間彌生『赤かぼちゃ』が迎える「宮ノ浦」、"家プロジェクト"が展開されている「本村」、3つの美術館がある芸術活動の拠点「ベネッセハウス周辺」の3エリアが主な鑑賞エリア。美術館に宿泊できる「ベネッセハウス」では、立地やスタイルの異なる4つの宿泊棟があり、客室からは瀬戸内海の絶景やアート作品を望むことができる。

島での過ごし方
3つのエリアを巡りアートを鑑賞

1日目

午前 ＊宇野港から宮浦港へ向かう
直島到着後、宿泊先にチェックインし、昼食を済ませる。

午後 ＊バスまたはレンタサイクルで本村エリアへ
空き家などを改修し、アート空間を作り出す「家プロジェクト」を展開する本村エリア。生活空間のなかで繰り広げられる個性豊かな7軒の家を巡って空間アートを楽しむ。

2日目

午前 ＊ベネッセハウス周辺エリアで美術館巡り
「地中美術館」「李禹煥美術館」「ベネッセハウス ミュージアム」の3つの美術館が集まるエリアで作品を鑑賞。

午後 ＊宮ノ浦エリアで港周辺のアート作品を堪能
『赤かぼちゃ』や直島銭湯「I♥湯」など、港周辺にもアート作品が点在しており、船の出発前に最後のアート鑑賞を楽しめる。

　ワンポイント　3年に一回開催される瀬戸内国際芸術祭の時期は多くの人で賑わう。次回は2022年に開催予定。

ようこそ直島へ
アート作品はもちろんのこと、国内初の
国立公園となった島南部では、白砂青
松の海岸線や高台から見渡す瀬戸内海
のパノラマ絶景も楽しめます。
●直島町観光協会のみなさん

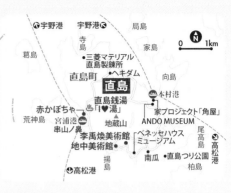

島のキホン

香川県香川郡直島町　面積 7.82km²　周囲 約22km
人口 約3100人（令和3年7月）　最高地点 123m（地蔵山）
問い合わせ先 直島町観光協会 ☎087-892-2299

島への行き方

宇野港	フェリー（車載可）で約20分	
高松港	フェリー（車載可）で約50分	直島

岡山県の宇野港と香川県の高松港から、直島の宮浦港行きの船
が出ている。宇野港からは小型客船も利用でき、所要約15分。高
松港から高速旅客船で約30分。島内は町営バスでの移動が基
本。レンタサイクルやレンタバイクも利用できる。

おすすめの季節はいつ?

年間を通し楽しむことができるが、ピークを避け
気候のよい3〜4月、6〜7月、9〜11月がおすすめ

気候も穏やかでいつ訪れても楽しむことができる。お盆やゴールデン
ウィークは多くの観光客で賑わい、美術館なども混み合うため、入場
規制がかかることも。ピーク時には余裕をもったスケジューリングを。
ハマチ▶10〜12月

赤かぼちゃ ●あかかぼちゃ

宮浦港の近くにある直島を代表するアート
作品『赤かぼちゃ』。水玉のいくつかはく
りぬかれており、内部に入ることができる。
草間彌生「赤かぼちゃ」2006年　直島・宮浦港緑地

直島銭湯「I♥湯」 ●なおしませんとう「あいらぶゆ」

アーティスト・大
竹伸朗氏が手がけ
た銭湯。外観だけ
でなく浴槽やトイ
レまですべてがア
ート。湯船に浸か
りながら全身でア
ートを感じられる。

大竹伸朗　直島銭湯「I♥湯」(2009)　写真:渡邉修

地中美術館 ●ちちゅうびじゅつかん

島の景観を損なわないように建物の大半を地下に埋設した美
術館。館内に降り注ぐ自然光により作品や空間のさまざまな
表情を楽しむことができる。
地中美術館　写真:藤塚光政

李禹煥美術館 ●り・うふぁんびじゅつかん

海と山に囲まれた谷間にある美術館。半地下構造の建物には、
李禹煥氏の絵画や彫刻作品を展示。写真は高さ9.5mの屋外
作品『無限門』。
李禹煥「無限門」(2019)　写真:山本糾

香川 66

のどかな田園風景とアートが調和

豊島 ●てしま

穏やかな瀬戸内海に浮かぶ 芸術と自然豊かな島

香川県小豆郡土庄町に属し、直島と小豆島の間に位置する島。美しい瀬戸内海の景色を望む傾斜には田畑が広がる。漁業や農業などの第一次産業が盛んで、食とアートの両方を楽しめるのが豊島の魅力。豊島美術館をはじめ現代アートの施設が点在し、家浦・唐櫃・甲生の3エリアでアート作品が楽しめる。直島（P.204）、小豆島（P.214）、男木島（P.208）などとともに3年に一度行われる瀬戸内国際芸術祭の舞台となる。豊島の移動には、バスやレンタサイクルの利用がおすすめ。

島のキホン

香川県小豆郡土庄町　**面積** 約15k㎡　**周囲** 約18km
人口 約870人(平成27年)　**最高地点** 340m(壇山)
問い合わせ先 豊島観光協会　☎0879-68-3135

島への行き方

| 宇野港 | フェリーで約40分 | → | 豊島 |
| 高松港 | 旅客船で約35分 | | |

岡山県玉野市の宇野港や香川県高松市の高松港から、豊島の家浦港行きのフェリーが出ている。宇野港からは本数は少ないが、旅客船も利用でき、所要約25分。

おすすめの季節はいつ?

年間を通して楽しめるが、
気候を重視するなら3〜10月がおすすめ

気候のよい春から秋が人気。施設によっては週末のみ開館している場合があるので、訪れる際は営業情報を要チェック。
イチゴ ▶11月中旬〜初夏　**レモン** ▶10〜3月

針工場 ●はりこうば

メリヤス針の製造工場跡に、一度も使用されなかった船体用木型を設置。別々の記憶を背負った2つの存在が、新たな磁場となって作品空間を形成。

大竹伸朗「針工場」
写真：宮脇慎太郎

✎ワンポイント　絶景が楽しめる「海のレストラン」やアートとグルメが楽しめる「島キッチン」など人気レストランでの食事も楽しみのひとつ。

島での過ごし方
島に泊まってのんびり島アートを満喫

1日目

午前＊宇野港から家浦港へ
宿泊先に荷物を預け、家浦港周辺のアート作品を鑑賞。

午後＊唐櫃地区へ移動し人気のアートスポットへ
多くのアート作品が集まる唐櫃地区。SNSでも話題の豊島美術館など人気スポットを巡る。宿泊先は、地元の人の家に宿泊し人々とふれあいながら島暮らしをまるごと体験できる民泊がおすすめ。

2日目

午前＊唐櫃地区をのんびり散歩
散歩を楽しみながら前日見られなかったアート作品を鑑賞。

午後＊おみやげを買って帰路につく
島を出る前に、家浦港にある豊島マルシェで島の名産品であるイチゴやレモンなどを使ったおみやげを購入。夕方の船で宇野港へ。

気になる！ 豊島の名産品をおみやげに

豊島は温暖な気候からオリーブやイチゴ、レモンなどの栽培が盛ん。また、海苔の養殖や昔ながらの手延べ製法で作るそうめんなども有名。そんな島の名産品を使った加工品などのおみやげを販売し人気を集めている。島を訪れた際はおみやげも要チェック。

ようこそ豊島へ
唐櫃地区の棚田は、斜面越しに瀬戸内海を望む島民自慢の絶景スポット。壇山からの湧き水の「唐櫃の清水」や甲生地区の海岸はひと休みにおすすめです。
●豊島観光協会のみなさん

豊島美術館
●てしまびじゅつかん

豊島で人気の美術館。柱が1本もないコンクリートでできた空間では、天井の開口部から光や風を取り込み、自然との一体感が感じることができる。

豊島美術館　内藤礼「母型」2010年　写真：森川昇

潮の香りを呼吸するアートたち　豊島

香川 67 男木島 ●おぎじま

島の玄関口で、急斜面に建つ集落で、芸術鑑賞

島に上陸してまず目を引く『男木島の魂』は、貝殻をイメージした作品。夜はライトアップされ、幻想的な姿に。水面に映る屋根にも注目だ。建物は切符販売所などを備える交流館として利用されている

白い屋根が見事な建築に見とれ、カラフルな壁画を追って路地を歩く

直島（P.204）や豊島（P.206）の南に位置する香川県の島で、男木島の南にある女木島の2島を合わせて雌雄島と呼ばれる。南西部にある島唯一の集落は、家屋が斜面上に密集して建ち、港から眺めると屋根の連なりが鱗のように見える。アート作品は主に男木港周辺と集落内の路地に点在。港には貝殻をモチーフにした屋根が美しい交流館が建ち、集落内の路地を歩けば、坂道や石畳の道になじむ色彩豊かな壁画が見られる。近年は図書館が建てられるなど、島へ移住してきた若者による取り組みも活発になっている。

『男木島 路地壁画プロジェクト wallalley』
●「おぎじま ろじへきがプロジェクト ウォールアレイ」

島で集まった廃材や廃船に風景のシルエットを描き、細い路地が入り組んだ集落の中にある民家の外壁に飾られている。

眞壁陸二『男木島 路地壁画プロジェクト wallalley』　　　　写真:NAKAMURA Osamu

ワンポイント　島にはバスの運行やレンタサイクルはなく、車の利用もできない。島の北部への移動も徒歩が基本だ。

『男木島の魂』の屋根には、8つの言語の文字がデザインされている

ジャウメ・プレンサ『男木島の魂』

潮の香りを呼吸するアートたち　男木島

島のキホン

香川県高松市　**面積** 1.34㎢　**周囲** 5.9㎞
人口 約150人（令和3年7月）　**最高地点** 213m（コミ山）
問い合わせ先 高松市役所地域振興課　☎087-839-2278

島への行き方

高松港 ＞ フェリーで約40分 ＞ **男木港**

JR高松駅から徒歩約5分の高松港から、雌雄島海運が運航するフェリーが出ている。1日6便で女木島を経由。女木島まで約20分、女木島から男木島までは約20分かかる。男木島は平地が少ないので、車での移動ができない。周辺の瀬戸内の島々や、岡山県の宇野港から海上タクシーを利用して、島に上陸することもできる。

おすすめの季節はいつ?

典型的な瀬戸内式気候
3〜11月が観光にぴったり

年間を通して温暖で晴れた日が多く、少雨・乾燥。島の北端に建つ男木島灯台周辺の遊歩道沿いに咲く約1100万株の水仙は、冬の終盤に見頃を迎える。3年に一度開かれる瀬戸内国際芸術祭（次回は2022年に開催）の期間に、瀬戸内の島々を巡る計画を立てるのもよい。
水仙▶1月下旬〜3月上旬　**タコ**▶通年

瀬戸内海
高松市
コミ山
男木島

男木島灯台資料館・　●男木島灯台
　　　　　　　　　　●タンク岩
0　　　500m

『男木島の魂』
雌雄島海運　　　豊玉姫神社
フェリー乗り場　　　『歩く方舟』
男木港
『タコツボル』　　『男木島 路地壁画プロジェクト
女木島・　　　　　wallalley』
高松港

ようこそ男木島へ

鱗状に密集した集落や、坂道の石段が美しい情景を織りなす男木島は、「日本の灯台50選」に選ばれた全国でも珍しい総御影石造りの男木島灯台、島いちばんのビュースポットである豊玉姫神社など、ノスタルジックな雰囲気にアートが溶け込む島です。
●高松市役所観光交流課のみなさん

島での過ごし方
高松散策から雌雄島の両方の名所へ

1日目
午前 ＊ JR高松駅、高松港周辺を散策
出航時間まで栗林（りつりん）公園など観光名所に足をのばすのもいい。香川名物・さぬきうどんをいただいて乗船場へ。
午後 ＊ フェリーに乗船し、まずは女木島に向かう
高松港から約20分で男木島と対をなす女木島へ到着。かつて鬼が棲んでいたという伝説の残る島にもアート作品が点在する。夕方の船で男木島へ向かい、民宿に宿泊。

2日目
午前 ＊ 男木港界隈から島のアート巡りをスタート
男木交流館の建物（『男木島の魂』）を鑑賞し、情報収集をしたら散策へ。入り組んだ路地と色鮮やかな壁画が印象的な、斜面上に広がる集落を歩く。
午後 ＊ 島の名物グルメを堪能し、北端の灯台へ
瀬戸内海の幸や島で採れた野菜を使った料理を味わったら、美しい景観が望める男木島灯台や豊玉姫神社にも足をのばしてみたい。夕方の船で高松港へ戻る。

『歩く方舟』
●『あるくはこぶね』

旧約聖書のノアの方舟をヒントにした作品。青と白で彩られた4つの山からなる方舟が海を渡ろうとする様子を表す。

山口啓介『歩く方舟』　写真:TAKAHASHI Kimito

『タコツボル』

島伝統のタコ漁で使うタコ壺をモチーフにしている。港近くの空き地に設置され、子どもたちが遊べるようになっている。

TEAM 男気『タコツボル』　写真:KIOKU Keizo
※2021年7月現在、立ち入りは不可

岡山

68

人々を惹きつける島の堅牢なシンボル

犬島 ●いぬじま

「在るものを活かし、無いものを創る」
アート活動が集落を再生する

　岡山市唯一の有人島で、高く伸びる大煙突が印象的な犬島精錬所美術館が島のシンボル的存在。大正期に操業を停止・廃止された犬島製錬所の遺構を再生して開館した。港近くに広がる集落では、民家などを芸術作品の展示空間として活用する"犬島「家プロジェクト」"が展開されている。ぐるりと一周してもそれほど時間はかからない小さな島なので、半日あれば観光も十分楽しめる。島風景に溶け込むアート作品をのんびり歩いて見てまわり、島の風情とともにゆっくりと楽しみたい。

> **ようこそ犬島へ**
> 地形、近代化産業遺産、自然エネルギーを活用した環境に負荷を与えない建物でもある犬島精錬所美術館では、施設のいたるところで、その工夫が見られます。
> ●犬島精錬所美術館のみなさん

　✏ワンポイント　島には海水浴場やキャンプがあり、犬島の石を使ったオブジェも点在している。

犬ノ島
宮浦港・家浦港
宝伝港
犬島チケットセンター
犬島「家プロジェクト」I邸
犬島「家プロジェクト」C邸
犬島自然の家
中の谷東屋
犬島「家プロジェクト」A邸
犬島 くらしの植物園
犬島港
山の神神社
犬島
犬島「家プロジェクト」F邸
犬島精錬所美術館
沖鼓島
犬島「家プロジェクト」S邸
犬島「家プロジェクト」石職人の家跡
犬島海水浴場
岡山市 東区
犬島
0   250m

島のキホン

岡山県岡山市 **面積** 0.54㎢ **周囲** 3.6km
人口 44人(平成27年) **最高地点** 36m
問い合わせ先
岡山市ももたろう観光センター ☎086-222-2912

島への行き方

宝伝港 定期船で約10分 ▶ **犬島港**

犬島行きの船が出る宝伝港へは、まずJR岡山駅から赤穂線で約20分のJR西大寺駅へ。そこからバスに乗り約40分。週末やイベントの際は、岡山駅から宝伝港直行のバスが運行する。直島の宮浦港から豊島経由(直行便もあり)の高速船も運航しており、所要約55分。

おすすめの季節はいつ?

4～10月が過ごしやすく人気の季節

青々とした風景にアート作品が映えるグリーンシーズンがおすすめ。ただし梅雨と台風シーズンには注意。

犬島精錬所美術館 ●いぬしませいれんしょびじゅつかん

近代産業遺産でもある銅の製錬所跡を再生し、「在るものを活かし、無いものを創る」というコンセプトのもと造られた美術館。三島由紀夫を題材とした作品を展開している。

島での過ごし方
小さなアート島を日帰り旅

日帰り

午前＊宝伝港から犬島へ
犬島に到着したら港近くの犬島チケットセンターや周辺のギャラリーを見学。昼食は犬島チケットセンターに併設するカフェのたこ飯がおすすめ。
午後＊犬島精錬所美術館などのアートスポットを訪れる
犬島の観光で欠かせない犬島精錬所美術館や犬島「家プロジェクト」など、島に点在するアートスポットを巡り夕方の便で宝伝港へ戻る。

犬島 くらしの植物園 ●いぬじま くらしのしょくぶつえん

約4500㎡の土地を再生した植物園。食べ物やエネルギーなどについて学びながら、これからの暮らし方を考える場所づくりを目指している。

犬島 くらしの植物園
写真:井上嘉和

犬島「家プロジェクト」A邸 ●いぬじま「いえプロジェクト」エーてい

色とかたちで犬島の自然や人々の暮らしが放つ生命力を表現した作品。

犬島「家プロジェクト」A邸　ベアトリス・ミリャーゼス「Yellow Flower Dream」 2018　写真:井上嘉和

犬島精錬所美術館　写真:阿野太一

愛知
69

アートが島の原風景に溶け込む

佐久島 ●さくしま

豊かな自然と歴史を生かした 現代アートを追って島をひと巡り

　渥美半島と知多半島の間、三河湾に浮かぶ愛知県西尾市の離島で、現代アートを島おこしとする活動は1996年に始まった。2001年からは「三河・佐久島アートプラン21」と称されるプロジェクトが開始され、自然・伝統・アートによる島の活性化が図られてきた。島の特徴的な集落をモチーフとした『おひるねハウス』などの現代アートを常設展示作品として島の随所に配置。そのなかでアート作品をスタンプラリー形式で巡る企画「アート・ピクニック」も通年開催されている。

『北のリボン』
●きたのリボン

島の北側にあるソテツの広場の展望台は、空と海と森がリボンで結ばれたような作品。天気が良い日には、遠くに富士山が見えることもある。

制作：TAB

アートな弘法巡り
●アートなこうぼうめぐり

　現代アートのほか、島にはアートと融合した弘法大師の祠が点在する。大正初期、「四国八十八ヶ所巡り」を模した「写し霊場」が島に造られ、現在まで残った祠が何点かリノベーションされた。写真は、貝のような椅子のような「コウボウノコシカケ」。

制作：小川次郎
日本工業大学 小川研究室

ワンポイント 古民家をリノベーションした弁天サロンでは、アート作品や島の資料を展示しており、散策の拠点や休憩所として利用できる。

ようこそ佐久島へ
昔ながらの風景が残る佐久島です。
島内のいたるところに設置されている
アート作品や自然、海の幸を十分に
味わってみてください。
●西尾役所佐久島振興課のみなさん

制作：南川祐輝

『おひるねハウス』

島の西地区の石垣海岸に建つ、島を代表するアートのひとつ。
島の見どころでもある黒壁の集落をイメージした作品で、春
はハマダイコンの花に囲まれる。

『イーストハウス』

両端の小さなあずま屋を60mのベンチがつなぐ、
真っ白な造りの『イーストハウス』。夕暮れどきに
腰掛けて、三河湾に沈み行く夕日を眺めながら、
静かなひとときを過ごすのも一興だ。
制作：南川祐輝

島での過ごし方
気軽に行ける島は、歩いて横断できる

1日目

午前＊佐久島への玄関口となる西尾の街を観光
名古屋駅から西尾市まで名鉄名古屋本線・西尾線で約1時間。
「抹茶の産地」「三河の小京都」として知られる西尾の街を散策
したら、一色港に向かい、佐久島行きの船に乗る。

午後＊高速船に乗船して佐久島の東地区に上陸
島の東地区では、『イーストハウス』をはじめ、木々のトンネルの
先に秘密基地のようにたたずむ『佐久島の秘密基地／アポロ』
などを鑑賞。佐久島東港周辺の民宿に泊まる。

2日目

午前＊北端も巡りつつ、西地区に向かって島を横断
『おひるねハウス』や細い路地が入り組む黒壁の集落がある西
地区へ。途中、北側にある『北のリボン』や、リノベーションされ
た弘法大師の祠などにも立ち寄りたい。

午後＊島自慢のグルメを味わい、島時間を満喫
三河湾産の食材、島野菜を使った料理でお腹を満たしたら、午
後の散策に出かける。夕方出航の高速船で一色港へ戻る。

島への行き方

一色港 ─ 高速船で約20分 → **佐久島**

佐久島行きの西尾市営渡船には、名鉄・西尾駅からバスで約30分
の一色さかな広場に隣接する「佐久島行船のりば」で乗船。1日7便
のみなので、帰りの時間のチェックは忘れずに。島には東西2カ所の
渡船場があり、いずれもガイドマップなどが用意され、レンタサイクル
の施設もある。東西の港どちらから始めても、島内をひと巡りできる。

おすすめの季節はいつ？

温暖な気候で観光のオンシーズンは3〜11月
旬の味覚や花々の見頃に合わせて出かけたい

名物魚介の代表格は大アサリ（ウチムラサキ）。
夏に旬を迎えるが、「大アサリ丼（写真）」は年間
通じて味わえる。島北部の山林にはヤブツバキ
やサザンカが見られる。
アサリ▶3〜5月　タコ▶4〜8月、11〜12月
ヤブツバキ▶3〜4月　サザンカ▶12月

島のキホン

愛知県西尾市　**面積** 1.73km²　**周囲** 約11km
人口 約220人（令和2年6月）　**最高地点** 38m
問い合わせ先
西尾市役所佐久島振興課　☎0563-72-9607

⚓一色港
西尾市
三河湾
『北のリボン』
『コウボウノコシカケ』
波ヶ崎
『星を想う場所』
弁天サロン
『カモメの駐車場』
西港
大浦
人ヶ浦
黒壁の集落
卍八劔神社
卍阿弥陀寺
『おひるねハウス』
佐久島
東港
『イーストハウス』
大島
『佐久島の
秘密基地／アポロ』
筒島弁財天卍筒島
N　0　500m

瀬戸内の恵みにあふれたオリーブの島

小豆島 ●しょうどしま

樹齢千年のオリーヴ大樹。当初は幹だけ
の姿だったが、今は葉を青々と茂らせる

島を歩けばオリーブ並木に出会い 花は5〜6月に一気に咲き誇る

瀬戸内海では2番目に大きい島で、近年は移住者も増えてきている。産業としては醤油や佃煮、小豆島手延素麺、ゴマ油などが盛んで、なかでもオリーブは国内最大の生産量を誇る。明治41年(1908)にイワシなどの缶詰に使用するために植樹されたのが、小豆島のオリーブ産業の始まり。現在では世界的にも高い評価を獲得している。小豆島オリーブ園では日本最古とされるオリーブ原木が見られ、小豆島ヘルシーランドのオリーブ園には、現代のプラントハンターといわれる西畠清順氏がスペインからもたらした「樹齢千年のオリーブ大樹」もある。

瀬戸内海の気候が育む小豆島産オリーブ。国内で初めて栽培に成功

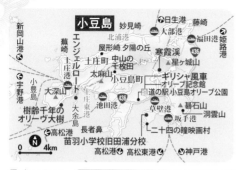

小豆島

新岡山港
妙見崎　●日生港　藤崎
北浦港　●大部港
蕪崎　屋形崎 夕陽の丘　●福田港　姫路港
エンジェルロード　寒霞渓　436
土庄港　土庄町　中山の千枚田　▲星ヶ城山
小豆島町　小豆島町
宇野島　太麻山　ギリシャ風車
小豆島　大深山　池田港　オリーブ記念館
小豆島　道の駅 小豆島オリーブ公園
樹齢千年の　大余島　渕田港　碁石山
オリーヴ大樹　草壁港　洞雲山
長者鼻　坂手港
高松港　▲高松　二十四の瞳映画村
N　0　4km　●高松港　苗羽小学校旧田浦分校
高松港　高松東港　●神戸港

エンジェルロード

1日2回、干潮のときだけ現れ、大小4つの島々を結ぶ。大切な人とともに手をつないで渡ると願いが叶うといわれる「恋人の聖地」として知られ、たびたび映画やドラマのロケ地に。

島のキホン

香川県小豆郡小豆島町、土庄町
面積 約153㎢　**周囲** 約126km
人口 約2万7000人（令和3年3月）
最高地点 816m（星ヶ城山）
問い合わせ先 小豆島観光協会　☎0879-82-1775

島への行き方

神戸港	フェリーで約3時間20分
姫路港	フェリーで約1時間40分
新岡山港	フェリーで約1時間10分
高松港	高速船で約35分

小豆島

小豆島には港がいくつかあり、神戸港からは坂手港、姫路港からは福田港、新岡山港からは土庄港、高松港からは土庄港・池田港など、複数の港からの発着便がある。各船、運航便数やスケジュールも異なる。

おすすめの季節はいつ?

温暖少雨で過ごしやすい瀬戸内気候
5〜6月がおすすめだが、9〜11月は紅葉散策も

比較的温暖な気候で、雨も少なく、冬場に雪が降ることは滅多にない。観光シーズンは春と秋で、5〜6月にはオリーブが花を咲かせる。秋には渓谷を一面に染める紅葉が美しい寒霞渓などを見に、多くの観光客が訪れる。旬の瀬戸内の魚介も味わいたい。
オリーブの花 ▶5月下旬〜6月上旬
寒霞渓の紅葉 ▶10月中旬〜11月下旬

©(一社)小豆島観光協会

苗羽小学校旧田浦分校
●のうましょうがっこうきゅうたのうらぶんこう

映画『二十四の瞳』の舞台であり、「岬の分教場」として撮影地ともなった場所。

寒霞渓 ●かんかけい
国指定の名勝。国内有数の紅葉の名所でもある。

©(一社)小豆島観光協会

ギリシャ風車 ●ギリシャふうしゃ
姉妹島提携を結ぶギリシャ・ミロス島との友好の証し。

ワンポイント 人気の観光地なので、島内には多くの宿泊施設が揃う。島の西部にあるエンジェルロードを望むホテルが人気。

ようこそ小豆島へ

洞雲山では夏至の日を挟んでの約50日間の晴れの日、15時前後数分間だけ「夏至観音」のお姿を拝覧することができます。ほか山岳霊場と呼ばれる札所の絶景、シーカヤックやSUP、映画やドラマのロケ地巡り、お店により微妙に味が違うソフトクリーム巡りなどたくさんの見どころを楽しんで。
●小豆島観光協会 新名さん

手延素麺 ●てのべそうめん

喉ごしの良さ、もちっとした食感が特徴的で、島に製法が伝わった約400年前から同じ手法で作り続けられている。食べるだけでなく箸分け体験もできるのでぜひ。

醤油 ●しょうゆ

約400年前から始まった小豆島の醤油造り。今では国内有数の醤油産地となっている。おみやげにするだけでなく、蔵や工場の見学もおすすめだ。

島での過ごし方

定番スポットを巡る1泊2日

1日目

日中＊2つの名所をレンタカーで巡る

島に着いたら、まずはレンタカーを借りよう。最初は絶景で知られる寒霞渓。約1300万年もの年月をかけて自然がつくり出した、壮大な景観を楽しみたい。次は、道の駅 小豆島オリーブ公園に行き、オリーブ記念館やギリシャ風車など、園内をのんびりと散歩したい。余裕があれば、エンジェルロードや屋形崎 夕陽の丘での夕日観賞もおすすめ。

2日目

午前＊名作映画の世界に浸る

二十四の瞳映画村では撮影地として使われた際のセットを公開。昭和初期の村を再現した建物や名場面を彷彿とさせる展示を見学。

午後＊そうめんなど島の文化を学ぶ

島内の工場などで、昔ながらの製法によるそうめん作り体験。オリーブの収穫期には収穫体験や搾油などの見学ができる場所もある。

北海道
71

日本最北の海が高級食材を育む
利尻島 ●りしりとう

内臓で甘さとコクが強くなるのに最適な利尻昆布。派生商品も豊富

「利尻富士」と称される山景を楽しみ 海辺で特産の昆布とウニを味わう

　稚内の西方約50kmの洋上に位置する島の中央に、標高1721mの利尻山がそびえ立つ。シンメトリーの美しい山容から「利尻富士」と呼ばれ、日本百名山のひとつに数えられる。島の代表的な名産品は高級食材の利尻昆布やウニ。漁期は種類ごとに異なるが、6〜9月頃。島内の海岸近くでは、毎年大規模な利尻昆布の天日干しが行われる。亜寒帯の離島が誇る美しい自然は、ドラマ・映画のロケ地となることもしばしば。夏の平均気温は20℃前後と過ごしやすく、車で1時間〜1時間半ほどで島内を一周できる。

島での過ごし方
鴛泊を起点に沿岸部を一周

1日目
午前＊フェリーで鴛泊港に到着
季節により時刻は異なるが稚内午前発は8時半〜9時前に着く。
午後＊標高444mのポン山をトレッキング
移動はレンタカーで。利尻山の鴛泊登山口からポン山をめぐるコース（往復2〜3時間）では、気軽に森の自然を楽しめる。登山口から徒歩約10分の場所に最北の日本名水百選「甘露泉水」が湧く。宿泊は宿の多い鴛泊市街で。

2日目
午前＊利尻富士を望むビュースポット巡り
定番の姫沼、オタトマリ沼周辺を散策。水面と原生林の先にそびえる利尻富士は見事。穴場である南浜湿原もぜひ。
午後＊仙法志、沓形を通って鴛泊まで一周
仙法志御崎公園、沓形岬公園などに立ち寄りつつ、鴛泊へ。夕日ヶ丘展望台の夕景で一日を締めくくりたい。

3日目
午前＊鴛泊周辺を観光
ペシ岬や、エゾカンゾウの群生が美しい富士野園地、美術館「カルチャーセンター・りっぷ館」などを観光。
午後＊フェリーで稚内へ
鴛泊から稚内へ。礼文島へ移動してもいい。

▼**ワンポイント**　利尻山の登山道は鴛泊からと沓形からの2コースあり、どちらも往復約10〜12時間。地元のおすすめは鴛泊コース。

ウニ漁は風の強くない、限られた夏の日の早朝に行われる

礼文島
富士野園地
利尻空港
夕日ヶ丘展望台
高山植物園
礼文水道
沓形港
沓形岬
沓形岬公園
利尻町
利尻山
（利尻富士）
利尻島
N
0   5km
仙法志御崎公園

礼文島
稚内港
鴛泊港
ペシ岬鴛泊灯台
姫沼
姫沼展望台
ポン山
甘露泉水
カルチャーセンター・りっぷ館
利尻富士町
オタトマリ沼
沼浦展望台
南浜湿原

島のキホン

北海道利尻郡利尻富士町、利尻町
面積 約182㎢　周囲 約64km　人口 約4300人（令和3年6月）　最高地点 1721m（利尻山）
問い合わせ先 利尻富士町観光案内所　☎0163-82-2201
利尻町観光案内所　☎0163-84-3622

島への行き方

| 稚内港 | フェリーで約1時間40分 | → 利尻島 |
| 新千歳空港 | 飛行機で約50分 | |

新千歳空港からの飛行機は1日1便のみなので、スケジューリングの際に注意を。フェリーなら1日2～3往復（季節により変動）しており、稚内港から島北部の鴛泊港に着く。また、礼文島（P.82）行きの鴛泊港経由の航路も利用できる。

おすすめの季節はいつ?

島の特産品が旬を迎える6～8月がおすすめ

高山植物が多く生息し、リシリの名を冠する固有種もあるのが特徴。6月から初夏の花々が開花を迎え、8月までが高山植物の見頃。この時季は昆布干しの風景や旬のウニも楽しめる。
エゾカンゾウ▶6～7月　リシリヒナゲシ▶7～8月

ようこそ利尻島へ
「恋する灯台」に認定されたペシ岬鴛泊灯台はたくさんの人が訪れるようになりました。利尻山、礼文島そして稚内まで見渡せる空中展望は圧巻です。
●鴛泊フェリーターミナル内観光案内所
川並義博さん

ペシ岬鴛泊灯台
●ぺシみさきおしとまりとうだい

標高93mのペシ岬の先に、白亜の鴛泊灯台がたたずむ。

ウニ

利尻昆布を食べて育つため旨みが濃厚。6～9月が漁期のキタムラサキウニと、7～8月が漁期のエゾバフンウニの2種類がある。

南浜湿原
●みなみはましつげん

原生林の向こうに利尻富士を望むスポット。夏は島内屈指の花の名所。

仙法志御崎公園
●せんぽうしみさきこうえん

冷えた溶岩流によりできた荒磯。海抜0mの地点から海と利尻富士が見渡せるビュースポット。

北海道の小さな島は自然と生き物の楽園

羊が暮らす焼尻めん羊牧場！ 本道の海岸線や天売島の景色が見渡せる

顔の黒い羊たちがのんびり暮らす 「幻のサフォーク肉」の産地

　北海道北西部に位置する羽幌町から沖合へ25km。島の面積の3分の1は、オンコ（イチイ）やミズナラなどの鬱蒼とした自然林に覆われ、森林浴を満喫できる散策路が続いている。森を抜けると緑の牧草地帯が開け、羊（緬羊）がのどかに草を食んでいる。およそ島とは思えない、のびのびとした牧歌的な風景だ。顔と足の黒いサフォーク種は、幻のラム肉ともいわれる高級食材。多数のフレンチレストランのシェフから支持を得ており、島のフェリーターミナル横の食堂などで味わえる。

島での過ごし方
花と原生林の島を満喫する

1日目
午前＊羽幌港を発ち、昼前に焼尻島へ到着
宿泊先のチェックインを済ませ、島内観光に出かける。
午後＊焼尻郷土館からめん羊牧場へ海岸沿いに進む
レンタサイクルを利用し、明治時代の建物を生かした焼尻郷土館を訪問。水平線を眺めながら焼尻めん羊が育つ牧場を抜け、ラナルド・マクドナルド上陸記念碑、鷹の巣園地などを巡る。

2日目
午前＊鬱蒼と茂るオンコの森を抜け、ウグイス谷へ
国の天然記念物に指定されているオンコの自然林。なかでもウグイス谷の先に生える、高さ1mほどの背の低いオンコの荘が見どころ。
午後＊雲雀ヶ丘公園の森でバードウォッチングを楽しむ
東側中央部に広がる公園で、水辺に集まる鳥を観察。フェリーターミナルに到着したらおみやげ探し。

ワンポイント　島内には3軒民宿がある。4～10月のみ期間営業している布目旅館は、港のすぐ近くにあり散策の拠点にぴったり。

焼尻島の長い冬の終わりと、春の訪れを告げるエゾエンゴサク

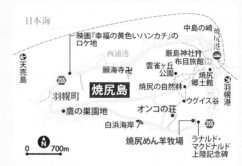

日本海

映画『幸福の黄色いハンカチ』のロケ地

中島の崎
焼尻港
西浦港
厳島神社
布目旅館
願海寺
雲雀ヶ丘公園
焼尻郷土館
焼尻の自然林

羽幌港

焼尻島

天売島
羽幌町

ウグイス谷
オンコの荘

鷹の巣園地

白浜海岸

焼尻めん羊牧場
ラナルド・マクドナルド上陸記念碑

0　700m　N

島のキホン

北海道苫前郡羽幌町　**面積** 5.19km²　**周囲** 約11km
人口 約170人（令和3年6月）　**最高地点** 94m
問い合わせ先 羽幌町観光協会　☎0164-62-6666
焼尻島観光案内所　☎01648-2-3993（4月末〜8月31日）

島への行き方

羽幌港　高速船、フェリーで約35分〜1時間　**焼尻港**

羽幌港から1日1〜4便、羽幌沿海フェリーの高速船とフェリーがそれぞれ運航している。JR札幌駅から羽幌港までは、沿岸バスでアクセス可能。1日5〜6便運行している高速乗合バス「特急はぼろ号」で羽幌ターミナルで羽幌港連絡バスに乗り換え。計約3時間30分。高速船やフェリーのダイヤは月ごとに変わるため乗車時刻に注意。

おすすめの季節はいつ？

本州では見られない花が
次々と咲く4〜9月がおすすめ

花の島とも呼ばれるほど、海浜から草原にかけて四季折々の草花が咲き誇る。特に6月中旬から7月中旬にかけて咲く、黄色い鮮やかなエゾカンゾウは島を代表する花として有名。
エゾエンゴサク▶4〜5月　**エゾカンゾウ**▶6月中旬〜7月中旬
エゾフウロ▶6月　**オオマツヨイグサ**▶8〜10月

ようこそ焼尻島へ
ゴールデンウィーク頃は、森の散策を楽しむいちばんのタイミングです。まだ木々に葉がつく前のため、長距離を移動してきた渡り鳥が観察しやすいです。森が渡り鳥の鳴き声で賑わうなか、春を告げるエンゴサクが森の中に咲き広がる景色を見ることができます。
●羽幌町観光協会 平野さん

オンコの荘 ●オンコのしょう

オンコの森の一部で、白浜海岸とウグイス谷を結ぶ散策路の間にある老樹。

焼尻めん羊まつり ●やぎしりめんようまつり

焼尻島産のサフォーク肉が味わえるのが、毎年8月上旬頃に行われる「焼尻めん羊まつり」。フランスの有名な高級羊肉プレ・サレと並ぶ「世界最高峰の味覚」と評価される幻のラム肉目当てに、多くの人々が訪れる。

鷹の巣園地 ●たかのすえんち

西南部の岬に広がる。遠くに霞んで見えるのは天売島。

新潟の海の幸を"離島流"で食べる

粟島 ●あわしま

島の西岸は日本海らしい荒々しい景観。島の自然を満喫するには散策とサイクリングがおすすめ

石で煮立てる野趣満点の漁師料理 自然散策や温泉などの楽しみも

　新潟市の北方に浮かぶ島は、そのほとんどが山や丘陵で占められ、全島が県立自然公園に指定されている。散策やサイクリングで島の自然が満喫できる。豊かな漁場にも恵まれ、伝統的な定置網漁である大謀網漁（だいぼうあみりょう）が盛んに行われている。5～6月が最盛期で、希望すれば船上から真鯛やブリが揚がる様子を見ることができる。また、この島で味わいたいのが、名物のわっぱ煮。もともと漁師料理で、わっぱ（杉を曲げた器）に炙った魚と水、焼いた石を入れて豪快に煮立てる味噌汁だ。頼んでおけば、民宿で味わえる。

島での過ごし方
景色に癒やされ、島と遊ぶ

1日目
午後＊午前の便で岩船港を発ち、昼には粟島へ到着
宿泊先にチェックイン後、島内の食堂で昼食。粟島名物のわっぱ煮や、特産のジャガイモ料理などを堪能。

2日目
午前＊定置網を使った漁師の大謀網漁を見学。
大型の定置網を2隻の船で操り、真鯛やブリなどが揚げられる様子を船上から見学。5～6月が最盛期で、気軽に網漁にふれられる。
午後＊防波堤や岩場からフィッシングを楽しむ
粟島は複雑な岩礁が多く、魚の宝庫としてフィッシングの人気が高い。磯釣りに深海釣りと、楽しみ方も家族向けから本格派まで多彩。

3日目
午前＊岩場に咲く岩ユリと野鳥を観察しに行く
レンタサイクルで、にいがた百景の仏崎など島内の見どころを巡る。サイクルロードは一周約15km。午後の便で岩船港へ戻る。

ワンポイント 内浦、釜谷それぞれの地区に民宿がある。内浦地区はすべて徒歩10分以内、釜谷地区は定期船の発着場所まで送迎している。

仏崎展望台からの眺め。遠くに荒波がつくった奇岩、切石ヶ鼻を眺める

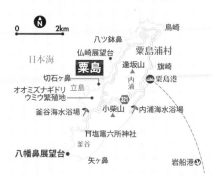

日本海

粟島

八ツ鉢ヶ鼻
鳥崎
仏崎展望台
粟島浦村
逢坂山
旗崎
切石ヶ鼻
内浦
粟島港
立島
オオミズナギドリ
ウミウ繁殖地
小柴山
内浦海水浴場
釜谷海水浴場
塩竈六所神社
釜谷
八幡鼻展望台
矢ヶ鼻
岩船港

島のキホン

新潟県岩船郡粟島浦村 **面積** 9.78㎢ **周囲** 約23km
人口 約350人(令和3年3月) **最高地点** 266m(小柴山)
問い合わせ先 粟島観光協会 ☎0254-55-2146

島への行き方

岩船港 高速船、フェリーで約1時間〜1時間35分 **粟島港**

岩船港から1日1〜3便、粟島汽船の高速船とフェリーが運航している。季節によりダイヤの変更があるため事前に確認しておきたい。岩船港までは、JR村上駅から予約制の乗合タクシーの利用が便利。所要約15分。予約を取らない場合は、新潟交通観光バスで約15分、岩船上大町バス停下車、徒歩約10分。

おすすめの季節はいつ?

夏の海水浴シーズンがベスト
4〜9月がおすすめ

岩ユリのオレンジ色が島を彩る6月になると、サイクリングや島内散策を楽しむ観光客で賑わう。粟島の周囲を周遊する観光船が、毎年4月下旬〜9月下旬限定で運航している。

岩ユリ ▶6月 **ハナダイ** ▶6〜9月 **メバル** ▶4〜7月
アイナメ ▶5〜6月、9〜12月 **アジ夜釣り** ▶6〜11月

わっぱ煮 ●わっぱに

粟島を代表する漁師料理。杉を曲げて作ったわっぱに、海の幸を入れ、真っ赤に焼いた石を落とし、味噌を溶き入れながらひと煮立ちさせ、最後にネギを入れる。

ようこそ粟島へ

小さな島には雄大な大自然がコンパクトに詰まっていて、特に景観の素晴らしさでは、にいがた百景に選ばれた「仏崎展望台」からの景色は見応えがあります。青い海に囲まれ、力強く息づく草木の緑とのコントラストや無限にちらばる星空を眺めることもオススメです。
●粟島観光協会 松浦さん

粟島馬 ●あわしまうま

昭和初期まで野生馬が生息していたといわれる。島内には馬とふれあえる牧場も。

八幡鼻展望台
●はちまんばなてんぼうだい

粟島の南端にある標高100mほどの八幡山。山頂には八幡神社があり、その先の小高い丘に展望台がある。

三河湾に浮かぶ、鯛とフグの島
篠島 ●しのじま

ようこそ篠島へ

篠島には清正の枕石やおんべ鯛奉納祭のほか、後醍醐天皇の皇子「義良親王」が漂着されたことで名所になった「帝井」「皇子が膝」「城山」もあります。おみやげのおすすめは「鯛のじゅうじゅうみそ焼」です。鯛がまるごと一匹入った味噌味の商品です。
●篠島観光協会 辻さん

豊漁と漁の安全を願う野島祭り。大漁旗を掲げた漁船による船団パレードが見もの

内海と外海がもたらす豊富な海の幸
生シラス丼をしょうが醤油でさっぱり

　知多半島と渥美半島の中間に位置し、名古屋から約1時間半で行ける観光の島。周辺に松の茂る無人島が点在することから「東海の松島」とも呼ばれる。加藤清正ゆかりの「清正の枕石」などの名所旧跡や海上釣堀、海水浴場と楽しみは多いが、観光客のいちばんの目当ては、新鮮で豊富な海の幸。なかでもシラスは日本一の漁獲量を誇り、4～12月には獲れたてぷりぷりの生シラス丼がいただける。4～11月の穴子、10～3月のトラフグ、通年味わえる鯛と、いつでも舌を楽しませてくれる。

島での過ごし方
美しい海と海の幸を楽しむ

1日目

午前＊師崎港から島へ渡る
師崎港の駐車場に車を置き、高速船で篠島へ。

午後＊離島ならではの美しい海を堪能する
サンサンビーチで美しい海を楽しんだり、管理釣り堀の篠島釣り天国で釣りを満喫したり。夕方には松島に沈んでいく美しい夕日を眺めたい。宿泊施設が島中に点在するので、宿泊場所には困らない。

2日目

午前＊島の旧跡や名所を訪ねる
海上交通の要衝として栄えた歴史を持ち、見どころは豊富。伊勢神宮と関わりのある神明神社など、島に点在する歴史スポットを巡る。

午後＊極上の魚介を食べたら島を離れる
シラス丼や冬ならフグなど、旬の魚介を食堂で楽しんだら、高速船に乗り師崎港へ戻る。

ワンポイント　それほど大きな島ではないが、宿泊施設は充実している。新鮮な魚介を食事に出してくれるのも魅力だ。

鯛やハマチ、アジなどが放流されている篠島釣り天国

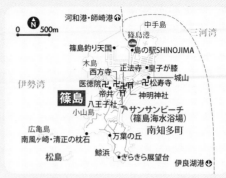

0 500m

河和港・師崎港
中手島
篠島港
三河湾
篠島釣り天国
島の駅SHINOJIMA
木島
西方寺
正法寺 皇子が膝
城山
医徳院 卍 卍 卍松寿寺
帝井 神明神社
篠島
八王子社
小山島
サンサンビーチ
(篠島海水浴場)
伊勢湾
南知多町
広亀島
南風ヶ崎・清正の枕石
万葉の丘
松島
鯨浜
きらきら展望台
伊良湖港

島のキホン

愛知県知多郡南知多町　**面積** 0.94㎢　**周囲** 8.2km
人口 約1600人(令和3年6月)　**最高地点** 49m
問い合わせ先 篠島観光協会　☎0569-67-3700

島への行き方

師崎港 → 高速船で約10分 → **篠島港**

名鉄海上観光船の定期高速船が、師崎港と河和港から出ている。
車で行く場合は、師崎港からが便数も多くフェリーも出ており便利。
電車の場合は、河和港へ名鉄・河和駅から無料の送迎バスで約3
分か徒歩約7分。伊良湖からの高速船が1日2便、所要約25分。島
内は徒歩やレンタサイクルで動くか、乗合タクシーなどを利用。

おすすめの季節はいつ?

旬の魚介を味わいたい
シラスが食べられる4〜12月がおすすめ

海水浴目当てでならばもちろん夏だが、そうでなければ魚介の旬を目
指して訪れたい。名物のシラスは4〜12月の間食べられるが、旬は
春と秋。シラスがない冬はフグが登場する。
シラス▶ 4〜12月　**穴子▶** 4〜11月　**フグ▶** 10〜3月
タコ▶ 通年　**鯛▶** 通年

サンサンビーチ

島の東に広がる800m
続くビーチ。夏は海水
浴場として賑わい、ほ
かの季節もさまざまな
イベントの会場となる。

松島 ●まつしま

美しい夕日は、日本の夕陽百選にも選ばれている。
絶景を見るなら冬の松島の夕日がおすすめ。

気になる! おんべ鯛奉納祭

篠島では古くから、毎年3回伊勢神宮へ「御幣鯛(おんべだい)」と呼ば
れる塩干した鯛を納めている。伊勢に神宮を開いた倭
姫(やまとひめのみこと)命が直接奉納を指示したと『日本書紀』にあり、その
起源は計り知れない。年3回のうち神嘗祭(かんなめさい)に合わせた10
月は、特に盛大におんべ鯛奉納祭が行われている。また、
篠島の神明神社は、伊勢の20
年ごとの式年遷宮の際、古く
なった社殿の建材が下賜され、
社殿を建て替える。

山口県最北端、見島牛が暮らす島

見島 ●みしま

外国種と交配していない純在来種の牛は見島牛と口之島牛だけ

見島牛の放牧場と200基以上の集団古墳群で知られる

萩市から北北西に約45kmの海上に浮かぶ小島だが、古代から航路の要衝として知られていた。見島といえば見島牛が名産。国の天然記念物で、和牛の原形とされ、他品種との交配が禁じられており、その放牧場はここでしか見られない。本村の東に位置する横浦海岸一帯には見島ジーコンボ古墳群がある。7世紀後半～10世紀に築造されたもので約200基を数えるが、未発掘のものも多くあるという。見島では多くの野鳥が見られるため、バードウォッチャーにも人気がある。

島での過ごし方
天然記念物や野鳥を観察

1日目
午前＊萩港を発ち、午前中には見島へ到着
宿泊先にチェックイン後、島内散策へ出発。
午後＊見島ジーコンボ古墳群を見学
海岸に沿って長さ約300m、約200基の古墳が残る古墳群へ向かう。幅50mから100mにわたり分布している。

2日目
午前＊山口県最北端の地、長尾ノ鼻で日本海を一望
太陽が水平線から昇り、水平線に沈むのを同じ場所から見ることができる、全国でも有数の名所。
午後＊国の天然記念物、見島牛を見に牧場へ行く
和牛の原形ともいわれる見島牛。見島牛保存会による保護が続けられ、現在約100頭が飼育されている。見学は事前に要確認。

ワンポイント　本村港周辺、宇津港周辺どちらにも民宿があり、島ならではの鮮魚や料理などが味わえる。

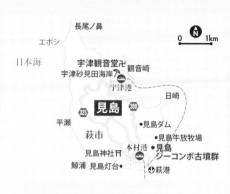

ようこそ見島へ

島内を巡るなら、電動アシスト自転車がおすすめ。車では行けない狭い道路を通って絶景を見ることができます。また、見島には「鬼ようず」という伝統の大凧を、長男の健やかな成長を願ってあげる風習があります。タイミングが良ければ、凧が空を舞っている場面に遭遇できるかも。
●萩市役所見島支所 中村真二さん

島のキホン

山口県萩市	面積 7.73km²	周囲 約18km
人口 約700人(令和3年4月)		最高地点 175m
問い合わせ先 見島観光協会		☎0838-23-3311

島への行き方

萩港	高速船で約1時間10分 →	見島

萩港から1日2〜3便、萩海運の高速船が運航。島へは南部の本村港と、東部の宇津港の2カ所から上陸できる。萩港までは、30分おきに運行する萩循環まぁーるバスで定期船のりば入口下車すぐ。萩バスセンターから西回り(晋作くん)で約3分、東回り(松陰先生)で約4分。

おすすめの季節はいつ?

対馬暖流の影響で比較的温暖
なかでも4〜8月がおすすめ

温暖な気候から魚介類が豊富で、年間を通して釣り客が多い。夏季になると自然美に恵まれた宇津砂見田海岸で海水浴が楽しめるほか、隣接のキャンプ場ではキャンプが楽しめる。
キュウリ▶3〜7月、9〜12月　**ウニ▶**6〜8月

海を背に見島牛がたたずむ。肩から頭部にかけた部分が発達し、厳つい印象

見島ジーコンボ古墳群 ●みしまジーコンボこふんぐん

防人の墓と考えられ、南東部の海岸に沿って残る。

渡り鳥の聖地 ●わたりどりのせいち

長崎県対馬、石川県舳倉島と並び渡り鳥の中継地として知られる見島。日本で確認されている野鳥約550種のうち353種が観察できるといわれている。毎年4月下旬には「バードウォッチングin見島」が開催され、日本の各地からバードウォッチャーが足を運ぶ。

宇津観音堂
●うつかんのんどう

断崖絶壁に建つ寺院。目の前には美しい海が広がる。

島自慢をお取り寄せ

島々のバラエティ豊かな味を自宅で楽しみたい

各島固有の風土が育んだ食材、手間ひまかけられて作られた特別な逸品…。
島の美味を手に入れて、いつでも旅気分を楽しみたい。

贅沢に海の幸を楽しむ

希少な高級品、手ごろな加工品など
その島ならではの魚介をお届け

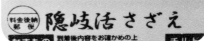

隠岐諸島・島根県
隠岐活さざえ
2300円(1.3kg)

➡隠岐近海の栄養豊富な海藻と荒波が育んだ特産品。磯の風味とコリコリの食感が楽しい。壺焼きはバーベキューにもぴったり
隠岐ウェブ商店街
☎08512-2-2715
URL okiwebshop.com

飛島・山形県
若潮丸 船上いか沖漬け
1620円(1尾)

⬆➡沖合で釣ったイカを、生きたまま生醤油で漬け込んだもの。船上でそのまま急速冷凍するので鮮度が抜群。輪切りにして半解凍で味わって
飛島フーズ
☎0256-31-5800
URL aska-foods-shop.com

八丈島・東京都
焼くさや
702円(100g)

⬆青ムロアジの焼きくさやを真空パックでお届け。焼いてあるのでそのまま賞味できるが、温め直すとより風味が増す。骨や皮が取り除いてあるので食べやすい
長田商店
☎04996-2-1037
URL kusayaya.com

姫島・大分県
幻の2日ひじき
2916円(15g×3袋)

⬆➡商品名のとおり一年でたった2日しか収穫されない、姫島のひじき。やわらかい新芽のみを摘み、大釜で炊いて天日干しする。そのままサラダで食べると美味
おおいた姫島
☎0978-87-2067
URL oita-himeshima.jp/item/136/

九十九島・長崎県
とらふぐ・刺身・ふぐちりセット
1万6240円

➡九十九島で養殖したとらふぐを、料理人がていねいに活き締め。てっさ用、ふぐちり用、特製ポン酢等がセットになっており、お店気分でフグが楽しめる
佐世保ふるさと市場 サセボーノ
☎0956-26-3838
URL sasebo-bussan.com

家島・兵庫県
のりっこ
540円(120g)

⬆最高品質の海苔を使った海苔の佃煮。海苔の生産地である家島のおばちゃんたちが、4時間鍋に付きっきりで炊き上げる。ご飯はもちろん、パンにも合うと評判
いえしまーけっと
☎079-240-9138　URL ieshimarket.com

平戸島・長崎県
的山大島天然活きさざえ茶漬け
3000円(150g×2瓶)

➡平戸近郊で獲れたサザエを使用。新鮮なまま殻から取り出して秘伝のタレに漬け込んでおり、自宅で活きサザエの豪華なお茶漬けが楽しめる
大島村漁協女性部加工部　☎0950-21-1977(市場)
URL https://setoichiba.biz/的山大島天然活きさざえ茶漬け/

屋久島・鹿児島県
鯖スモーク 556円(80g)

➡日常食として島民に親しまれている鯖節。そのままでも、玉ネギと混ぜてマヨネーズを添えてもおいしい。味噌汁の出汁・具としても使えるスグレもの
ふかり堂 ☎0997-43-5623
URL yakushima.online/

久高島・沖縄県
久高島イラブー 1万5000円前後

➡薬膳料理の高級食材として知られるイラブー。見た目はインパクト大だが、燻製をことこと煮込んで作るイラブー汁はエキスが詰まって滋味深い味わい
沖縄物産&こだわり食材　真南風(埼玉県)
☎049-224-5758　URL www.mahae.co.jp
※希少品のため、電話にて要問い合わせ

徳之島・鹿児島県
あおさの佃煮 1500円(180g2個セット)

➡徳之島産のミネラル豊富なアオサを佃煮に。ザラメや蜂蜜を使用しているのでほどよい甘みも感じられる。プレーン(写真)と唐辛子入りの2種から選択可
徳之島の黒糖焼酎専門店M's本店
☎0997-86-2828
URL tokunoshima-shochu.com/collections/

神津島・東京都
赤イカ入り塩辛 900円(170g)

➡「イカの女王」といわれる赤イカ(ケンサキイカ)とスルメイカを配合。大島の塩と自家栽培の唐辛子を使っている。甘口、中辛、辛口の3種類
丸金商店 ☎04992-8-0048
URL marukin-shouten.com

坊勢島・兵庫県
ちりめん(しらす) 520円(100g)
干しえび(皮むき) 520円(45g)

➡新鮮なイワシの稚魚を赤穂の塩だけで加工した、極上ちりめん(しらす)。皮むきの乾燥エビは、そのまま食べても料理に使ってもよし
天晴水産 ☎079-247-1137
URL apparesuisan.co.jp

個性あふれる島のお肉

島育ちの知られざる極上品や
メディアで話題の人気商品などいろいろ。

淡路島・兵庫県
淡路牛バーガー 3000円(6個)

➡特製醤油で焼いた淡路牛と、地元名産の玉ねぎをサンドしたご当地バーガー。トマトやレタス、アボカドなどお好みの具材を加えるのもおすすめ
淡路観光開発公社(道の駅 あわじ)
☎0799-72-0001
URL michinoekiawaji.net

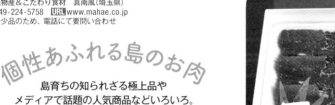

対馬・長崎県
上対馬名物
とんちゃん 村元 4780円(650g×3袋セット)

➡豚肩ロース肉を独自のタレに漬け込んだ、対馬のご当地グルメ。野菜と一緒に炒めると、タレの旨みが引き立つおかずに
対馬ふれあい産直便
☎0920-54-4017
URL www.rakuten.co.jp/tsushima/

隠岐諸島・島根県
隠岐黒磯牛(モモ 肩スライス) 5000円(400g)

➡隠岐黒磯牛は放牧でストレスなく長期肥育された、隠岐の島産の未経産牛。ミネラル豊富な牧草と島生産のエサを食べており、上質な赤身に仕上がっている
隠岐ウェブ商店街 ☎08512-2-2715 URL okiwebshop.com

石垣島・沖縄県
南ぬ豚 網脂ハンバーグ 4104円(6個)

➡南ぬ豚(ぱいぬぶた)は、石垣島のパイナップルを食べて育った希少種。網脂で包むことで、肉汁や旨みを閉じ込めている
やえやまファーム
☎0980-83 8788
URL yaeyamafarm.com/

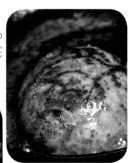

島自慢をお取り寄せ

西表島・沖縄県
西表島産 黒米
408円(150g)

➡農薬を一切使わずに育てた、ミネラル分や食物繊維が豊富な黒米。白米1合に大さじ1杯を混ぜて炊く。プチプチとした食感も魅力
大浜農園 ☎0980-85-6034
URLohama-farm27.com

奄美大島・鹿児島県
郷土料理 鶏飯 **1404円(2食)〜**

➡丸鶏を長時間煮込んでとった上品な出汁と、錦糸玉子・鶏肉・椎茸など鶏飯の食材をセットに。解凍してご飯にのせれば、できたての風味が味わえる
奄美直行便
☎0997-54-1100
URLwww.amami-palm.net

壱岐・長崎県
壱岐の島カレー 詰め合わせセット
3240円(5食)

➡壱岐のブランド牛を使用した「壱岐牛カレー」(2個)、プリプリのサザエとワタをブレンドした「さざえカレー」(1個)、イカの旨みたっぷりの「いかカレー」(2個)のセット
壱岐市ふるさと商社
☎0920-48-2501
URLiki-online.com/products/detail/72

定番・島のごはん&麺など
手軽に味わえるご飯のお供や麺類など郷土の味を楽しむ

小豆島・香川県
手延そうめん島の光
430円(5束)

➡良質な小麦粉と純正ゴマ油を使用した伝統素麺。たっぷり熟成させたあと、瀬戸内の潮風のもと天日乾燥。強いコシともちもち感が根強い人気を誇る
小豆島の台所 かまとこ
☎0879-82-6001
URLwww.camatoco.com

淡路島・兵庫県
鯛のたまごかけ ご飯の素3食
1440円(3食)

➡特製タレに漬けた淡路産の鯛の切り身を、新鮮なまま冷凍。自然解凍してご飯に盛り付け、卵と漬け汁をかければ、道の駅で大人気の丼が完成!
淡路観光開発公社(道の駅 あわじ)
☎0799-72-0001
URLmichinoekiawaji.net

能古島・福岡県
能古うどん
648円(270g)

➡細麺でありながらコシの強さが特徴の能古うどん。半生麺で日持ちもする。つけ麺やぶっかけでいただくのがおすすめ
能古うどん
☎092-511-8071
(セキワ物産)
URLwww.noko-udon.com/

壱岐・長崎県
うにめしの素
1080円(2合用・3人前)

➡地元に古くから伝わる、特産のムラサキウニを使ったうにめし。米と混ぜて炊くだけで本格的な郷土料理ができあがり。パスタの具にもアレンジできる
壱岐水産 ☎0920-45-2047
URLikisuisan.thebase.in

対馬・長崎県
孝行麺 **3000円(5食)**

➡発酵サツマイモのでんぷんを100%使用して作る「せんだんご」。それをそばの要領で麺にした、対馬の伝統を感じる名産品
対州そば匠 ☎0920-56-0118
URLwww.tsushima-takumi.com/shop

230

島の風味を加える調味料

日常の食事にアクセントを
加えるとっておきの隠し味

広島 (塩飽諸島)・香川県
幻の唐辛子・香川本鷹
680円(150g)

⬆️400年以上の歴史を持つという、塩飽諸島原産の唐辛子。さわやかな甘みと辛みがあり、南蛮漬けやサルサソース、炒めものにぴったり
島旅農園「ほとり」 ☎070-8409-5969
URL shimatabi-hotori.square.site

波照間島・沖縄県
あがんセット **2200円**

⬆️波照間島のサトウキビから作られた特等ランクの純黒糖と、黒糖をじっくり煮詰めて作られた黒蜜。黒蜜は料理やスイーツに幅広く活用できる
波照間島 黒蜜工場 ☎0980-85-8088
URL haterumajima.thebase.in

佐渡島・新潟県
佐渡バター **1100円**(200g)

⬆️古くから牛の飼育が盛んな佐渡島。新鮮な生乳から抽出した生クリームを原料に、バターチャーンを使用し1個ずつ木型で成型する。手作り、少量生産のため希少な商品
佐渡乳業 ☎0259-63-3151
URL www.sadonyugyo-shop.com

淡路島・兵庫県
淡路島
フライドオニオン
1080円(23g×5袋)

⬆️甘みが強い淡路島の玉ねぎを香ばしくカリカリに。サラダをはじめパスタやカレー、スープなど、どんな料理もトッピングすると風味がアップ
竹原物産 ☎0799-54-0318
URL www.rakuten.ne.jp/gold/tamanegiyasan/

粟国島・沖縄県
粟國の塩
540円(100g)

⬆️粟国島を代表する特産品。島近海の海水を用い、約1カ月かけて丹精込めて作り上げる。まろやかな塩味が特徴で、どんな料理にも相性が良い。写真はボトルタイプ
沖縄海塩研究所 ☎098-988-2160
URL www.okinawa-mineral.com

小豆島・香川県
オリーブ豚のぶっかけ生姜
594円

⬆️香川特産のオリーブ豚を100%使用。豚の甘みとしょうがの風味がマッチした、ご飯にどんどんかけたくなる一品。ちょい足し調味料としても使える
鈴の音本舗 ☎087-898-8686
URL marusin.ocnk.net

石垣島・沖縄県
島豚ごろごろ
各648円

⬆️石垣島産三元豚の粗挽きミンチをアンダンス(油味噌)仕立てにした、ご飯にぴったりの肉味噌。通常のものと島唐辛子を加えたピリ辛の2種
ゴーヤカンパニー ☎0980-83-5814
URL www.go-ya.asia

薬膳島辣油
980円

⬆️辛みの強い硫黄島の唐辛子を使用。アロエやウコンなど体に良い具材がたっぷり入っている。餃子にはもちろん、麺類にもよく合う
小笠原フルーツガーデン ☎04998-2-2534
URL www.ogasawara-ichiba.com

石垣島・沖縄県
クリームチーズ
島とうがらし
500円(80g)

⬆️石垣島の酪農家が、ジャージー牛の上質な乳からていねいに手作りする。多彩な乳製品のなかでも、こちらは島産の島唐辛子を用いた一品。ほかプレーンもあり
まぁじゅんのジャージー牧場 ☎0980-88-2319
URL maajun2.shop-pro.jp

島自慢をお取り寄せ
ごはん&麺 調味料

231

華やかなお菓子＆スイーツ

おみやげとしても人気の柑橘系や
工夫を凝らしたアイデア商品も。

八丈島・東京都
八丈島ジャージープリン
1270円(3個)

➡八丈島で自然放牧されているジャージー牛から採れる牛乳、生クリームと、放し飼い卵「かぐやひめ」をたっぷり使った贅沢な品
八丈島乳業 ☎04996-2-0024
URL www.hachijo-milk.co.jp

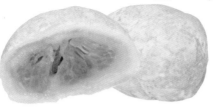

因島・広島県
はっさく大福
200円(1個)

➡中には2、3房のハッサクの実がまるごと。心地よい酸味のハッサクを、白餡の甘みとミカン皮を入れた餅がやさしく包む新感覚の大福餅
はっさくや ☎0845-24-0715
URL www.0845.boo.jp/hassaku

とびしま海道・広島県
レモンケーキ
248円(1個)

➡国産レモンの名産地・とびしま海道のレモンの果皮を、生地にも中のペーストにもたっぷり使用。レモンの香りが口いっぱいに広がる
とびしま柑橘倶楽部
☎0823-87-0080(株式会社クレセント)
URL tobishima-lemon.jp/shop-s/

生口島・広島県
瀬戸田レモンケーキ 島ごころ
1250円(5個)

➡瀬戸田産レモンで作った特製ジャムを生地に練り込み、香り豊かなレモンケーキに。レモンを知り尽くした瀬戸田生まれのパティシエによる自信作
島ごころ ☎0845-27-0353
URL www.patisserie-okumoto.com

対馬・長崎県
かすまき各種
要問い合わせ

➡対馬伝統の和菓子。江戸時代、参勤交代から帰ってきた藩主の旅の無事を祝うために考案されたそう
対馬観光物産協会 ☎0920-52-1566
URL www.tsushima-net.org

屋久島・鹿児島県
屋久島銘菓 屋久杉せんべい
540円(12枚)

➡生地に混ぜた落花生が香ばしい、ビスケットのようなせんべい
馬場製菓 ☎099-805-1331
(鹿児島本店)
URL babaseika.info

新鮮な野菜・果物

島自慢の食材をまとめ買いして
近所や職場で分け合うのもいい。

奄美大島・鹿児島
奄美パッションフルーツ
2300円(1kg)

➡奄美大島の農家が情熱を込めて栽培する、さわやかなトロピカルフルーツ。冷やして、ほんのりとした酸味とみずみずしい甘みを楽しんで
合同会社フラスコ
☎0997-69-4435
URL www.gajumarine.com

淡路島・兵庫県
淡路島産玉ねぎ
3500円(2箱)

➡淡路島の玉ねぎはジューシーで甘く、和洋中どんな料理も引き立ててくれる。春～初夏のものはサラダに最適で、夏～冬のものは煮込み料理に適している
竹原物産 ☎0799-54-0318
URL www.rakuten.ne.jp/gold/tamanegiyasan/

個性が生きた島のお酒

その島ならではのクセのあるお酒。
クラフトビールにも注目して！

石垣島・沖縄県
直火請福（泡盛）
1173円（720㎖）

↪釜に直接火を当てる、昔ながらの直火蒸留法を採用。一滴一滴に封じ込められた、泡盛本来の力強い味が特徴
請福酒造　☎0120-14-3166
URL www.seifuku.co.jp/shop/

西表島・沖縄県
いりおもて43度
2200円（720㎖）

↪伝統の直火蒸留法により、奥深い味わいに。あえて濾過は軽めで、泡盛本来の旨みとしっかりとした味わいを引き出している
ショップ西表島
☎0980-85-5511
URL shopiriomote.thebase.in

六島（笠岡諸島）・岡山県
定番3種6本セット　**3750円（330㎖×6本）**

↪六島で麦栽培からていねいに造られたクラフトビール。濾過せず、酵母を残したまま仕上げている。味わいの異なる3種をセットに
六島浜醸造所　☎090-8377-2897　URL hamajo.stores.jp

屋久島・鹿児島県
水ノ森
1540円（720㎖）

↪屋久島のやわらかい水と島内産のサツマイモ「白豊」を原料に、黒麹と明治期から続く壺で仕込んだ焼酎。独特の甘み、コク、旨みをもつ
本坊酒造 屋久島伝承蔵　☎0997-46-2511
URL www.hombo.co.jp

母島・東京都
ラム酒40度
2200円（720㎖）

↪小笠原で生産しているラム酒は、樽で貯蔵していないため透明で黒糖焼酎に近い味わい。ロックやカクテルなどで楽しみたい
小笠原ラム・リキュール
☎04998-3-2111
URL www.oga-rum.com

新島・東京都
七福 嶋自慢
3395円（1800㎖）　島外税別参考価格

↪新島で古くから作られてきたサツマイモ「あめりか芋」を使った芋焼酎。麦麹ならではの香ばしさと芋の甘さの組み合わせについつい杯がすすむ
宮原　☎04992-5-0016
URL shimajiman.com.mailform
（問い合わせ）

三宅島・東京都
あしたば粉末　**1458円（70g）**
焙煎あしたば茶ティーバッグ
702円（2g×10個）

↪栄養豊富な三宅島産のアシタバを100％使用。水やお湯に溶かしていただく。パンケーキや手作り麺の生地などに混ぜてもOK
西野農園　☎04994-2-0947
URL nishino-farm.shop-pro.jp

宮古島・沖縄県
宮古島産完熟マンゴー「てぃだぬっふぁ」
6998円（贈答用1.5kg）

↪「てぃだぬっふぁ」とは太陽の子どもという意味の宮古島方言。おいしさの秘密はサンゴ礁が育むミネラル豊富な土壌と太陽と潮風。とろける甘みと濃厚な味わいには定評あり
宮古島マンゴー農園アートオブティダ
☎0980-73-6343
URL shop.artoftida.jp

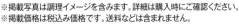

※掲載写真は調理イメージを含みます。詳細は購入時にご確認ください。
※掲載価格は税込み価格です。送料などは含まれません。
※価格・内容など変更になる場合もありますのでご注意ください。

島自慢をお取り寄せ　お菓子＆スイーツ　野菜・果物　お酒

島旅ガイド
〜楽しい旅に〜

広々とした海と空、生命力に満ちた木々や花々、独特の文化にふれられる島への旅。
海に囲まれた島は、同じ国内の旅行でも、ならではの準備や注意が必要になってくる。

足りないことを楽しむつもりで
島旅の基本・準備

● 行きたい島を決めて情報収集

橋で結ばれた観光の島や施設の整ったリゾートの島は、気軽に行けるため旅の初心者向き。旅慣れた人なら、あまり観光地化されていない離島で、独自の自然や伝統文化にふれるのもいい。

自然豊かな日本の島では、季節ごとにさまざまな風景に出会える。独自の祭りや伝統行事が見られる島も多い。その島の魅力的な花や風景はいつが適期か、いつ頃どんなイベントがあるか、日程を決める際の参考にしたい。魚介類など、島の特産品の旬の時季に合わせて出かけるのもいい。

沖縄の南の島や八丈島のように台風の通り道にある島では、飛行機や船が欠航になることも少なくない。特に船は強風・高波などの気象の影響を受けやすい。島によっては台風シーズンを避けるか、事前に観光協会や運航会社に天候を問い合わせておきたい。

● アクセス方法を調べて決定

車や徒歩で渡れる島は別にして、一般的に島へ渡る手段は飛行機か船になる。飛行機は割高だが乗り物酔いの心配が少なく、時間を節約できる。ただし、空港と街が離れていることもあるので、到着後のアクセスも調べておきたい。

船の場合、発着地やルートの違う複数の航路が用意されていることもある。船には、車や自転車も載せられる大型のカーフェリー、短時間で行ける高速船のほか、伊豆諸島や壱岐・対馬などの離島では、海面を浮上して進む超高速船のジェットフォイルが運航している航路もある。高速船はなんといっても速さが魅力。フェリーは高速船よりも割安で、天候の影響を受けにくく、比較的酔いにくいのがメリット。どちらか選べる場合は、船旅をゆっくり楽しむか、時間重視かなど、それぞれの旅のスタイルで決めたい。

● 日程にゆとりをもって

台風や高波など、天候に左右されやすい船旅は、なにかとスケジュールが崩れがち。遅延や欠航することもある。飛行機は船に比べれば欠航や遅延は少ないものの、台風シーズンは要注意。船からほかの交通に乗り継ぐ場合にぎりぎりの時間に設定しないなど、スケジュール全体に余裕をもたせて計画を立てたい。

● 持って行きたいもの

船の乗り下りや未舗装路などを考えると、なるべく歩きやすい靴がベター。南の島では、日焼け止めクリームや帽子、サングラスなどの紫外線対策を考えよう。薄手の長袖やウインドブレーカーは、虫よけや夜の気温低下など、なにかと役立つので、夏でも1枚は持参したい。海に行く予定がなくても温泉露天風呂で、水着が必要なところもある。シュノーケリング用具は、ほとんど現地でレンタルできる。

離島の宿には、歯ブラシやタオルなどのアメニティが用意されていないことも。フェリーに1泊する場合にも必要だろう。長い船旅では時間つぶしのための文庫本や娯楽用品もあると重宝する。

● 現金は多めに持参しよう

島に銀行やコンビニエンスストアがなく、現金をおろせず困ったという話を聞く。クレジットカードが使えない宿や店もあるので、現金は多めに持っていこう。銀行はなくても郵便局はあるという島も多く、ゆうちょ銀行の口座は地方で役立つ。また手数料はかかるが、多くの銀行カードもゆうちょのATMでも使えるようになっている。郵便局の場所やATMの有無も確認しておこう。

● 宿泊場所は事前に手配

小さな島では、宿がわずか数軒で部屋数も少ないことが多い。予約客がいなければ不定期に休業する宿もある。島に宿泊する場合は、事前に予約するのが必須。悪天候などの自然条件で島に渡れない場合には、キャンセル料が発生しないのが一般的。宿により条件は異なるので、予約の際に確認しておきたい。

島旅の基本・旅行中

● 船酔いにならないために

空腹でも満腹すぎても酔いやすい。乗船の1時間くらい前には食事を済ませておこう。フェリーの場合、中央の後方は揺れが少なく、比較的酔いにくいとされている。船内では歩き回ったり、本やスマホを見続けたりせず、横になって寝てしまうのがいちばん。不安な場合は酔い止め薬を飲んでから乗船しよう。

● 島内移動はどうする?

島では路線バスなどの公共交通機関はあまり期待できない。タクシーはあっても島に数台のみ、あるいは徒歩が基本の島もある。島の規模によって、レンタカーやレンタバイク、レンタサイクルを利用できるところも。小さな島では小回りのきく自転車やバイクが便利だ。信号が少なく、お年寄りが多いなどの島の事情を考慮して、車やバイクは注意して運転したい。

● 海で気をつけたいこと

サンゴやカサゴ、クラゲなど、海には毒を持つ危険生物も多いので注意したい。岸から沖に向かって部分的に強い引き潮が起こる離岸流、サンゴ礁の海で海底に引きこまれやすいリーフカレントなど、命を落としかねない危険な潮流も随所にある。遊泳禁止区域では絶対に泳がず、事故が起きても困らないよう、一人で海水浴やシュノーケリングをしないようにしたい。

● 山・森で気をつけたいこと

登山を行う場合は、登山届(登山計画書)を提出する。貴重な動植物の宝庫である島では、森で散策する場合も、自然保護のためのさまざまなルールが決められていることがある。八丈島のヘゴの森のように、ツアーガイドの同伴でしか入れない森も多い。森の道路から外れない、動植物を採取しない、ゴミは持ち帰るなどの基本的なマナーもしっかり遵守しよう。

● そのほか島内で気をつけたいこと

住民が日常生活を送っている集落内では、水着や上半身裸で歩かないように気をつけたい。沖縄地方の御嶽のように神聖な場所には、許可なく立ち入らない。キャンプを既定の場所に限定したり、小笠原諸島のように、島の消防・水道設備の関係などからキャンプ・野営が全面禁止の島もある。事前に確認しておこう。

INDEX

あ	相島	福岡	猫の楽園・うさぎの聖地	100
	青ヶ島	東京	往古、火の物語があった。伊豆諸島	122
	悪石島	鹿児島	島が躍動する日	170
	英虞湾	三重	遠い波音を聴く多島という美景	144
	天草下島	熊本	うち騒ぐ海原に浮かぶ孤高の祈り	158
	奄美大島	鹿児島	特集　世界自然遺産の島へ	18
	淡路島	兵庫	潮騒に揺られて咲き乱れる花々	78
	粟島	新潟	地の恵み海の恵みに誘われて	222
	家島諸島	兵庫	遠い波音を聴く多島という美景	146
	壱岐	長崎	果ての時に生きた旅人の場所	188
	石垣島	沖縄	グラデーション・ブルーの孤独	48
	伊豆大島	東京	往古、火の物語があった。伊豆諸島	102
	伊是名島	沖縄	島が躍動する日	171
	厳島	広島	うち騒ぐ海原に浮かぶ孤高の祈り	148
	犬島	岡山	潮の香りを呼吸するアートたち	210
	西表島	沖縄	特集　世界自然遺産の島へ	12
	祝島	山口	果ての時に生きた旅人の場所	192
	大久野島	広島	猫の楽園・うさぎの聖地	101
	大崎下島	広島	果ての時に生きた旅人の場所	198
	大島・沖ノ島	福岡	うち騒ぐ海原に浮かぶ孤高の祈り	152
	男木島	香川	潮の香りを呼吸するアートたち	208
	隠岐諸島	島根	遠い波音を聴く多島という美景	132
	沖縄島北部	沖縄	特集　世界自然遺産の島へ	26
	沖永良部島	鹿児島	潮騒に揺られて咲き乱れる花々	96
か	加計呂麻島	鹿児島	グラデーション・ブルーの孤独	70
	神島	三重	うち騒ぐ海原に浮かぶ孤高の祈り	168
	金華山	宮城	うち騒ぐ海原に浮かぶ孤高の祈り	156
	九十九島	長崎	遠い波音を聴く多島という美景	142
	久高島	沖縄	うち騒ぐ海原に浮かぶ孤高の祈り	166
	久米島	沖縄	グラデーション・ブルーの孤独	64
	慶良間諸島	沖縄	グラデーション・ブルーの孤独	56
	神津島	東京	往古、火の物語があった。伊豆諸島	110
さ	佐久島	愛知	潮の香りを呼吸するアートたち	212
	佐渡島	新潟	果ての時に生きた旅人の場所	178
	猿島	神奈川	果ての時に生きた旅人の場所	182
	式根島	東京	往古、火の物語があった。伊豆諸島	108
	志々島	香川	潮騒に揺られて咲き乱れる花々	88
	篠島	愛知	地の恵み海の恵みに誘われて	224

	しまなみ海道	広島／愛媛	遠い波音を聴く多島という美景	126
	小豆島	香川	地の恵み海の恵みに誘われて	214
	塩飽本島	香川	果ての時に生きた旅人の場所	186
た	大根島	島根	潮騒に揺られて咲き乱れる花々	86
	竹富島	沖縄	果ての時に生きた旅人の場所	200
	田代島	宮城	猫の楽園・うさぎの聖地	99
	父島	東京	特集　世界自然遺産の島へ	36
	対馬	長崎	遠い波音を聴く多島という美景	136
	豊島	香川	潮の香りを呼吸するアートたち	206
	徳之島	鹿児島	特集　世界自然遺産の島へ	24
	渡名喜島	沖縄	島が躍動する日	173
	飛島	山形	潮騒に揺られて咲き乱れる花々	94
	友ヶ島	和歌山	果ての時に生きた旅人の場所	184
な	直島	香川	潮の香りを呼吸するアートたち	204
	中通島	長崎	うち騒ぐ海原に浮かぶ孤高の祈り	162
	新島	東京	往古、火の物語があった。伊豆諸島	106
	能古島	福岡	潮騒に揺られて咲き乱れる花々	90
は	端島（軍艦島）	長崎	果ての時に生きた旅人の場所	174
	八丈島	東京	往古、火の物語があった。伊豆諸島	118
	波照間島	沖縄	グラデーション・ブルーの孤独	72
	母島	東京	特集　世界自然遺産の島へ	40
	姫島	大分	島が躍動する日	172
	平戸島	長崎	果ての時に生きた旅人の場所	194
ま	松島	宮城	遠い波音を聴く多島という美景	140
	御蔵島	東京	往古、火の物語があった。伊豆諸島	116
	見島	山口	地の恵み海の恵みに誘われて	226
	南大東島	沖縄	絶海に残された楽園	74
	三宅島	東京	往古、火の物語があった。伊豆諸島	112
	宮古島	沖縄	グラデーション・ブルーの孤独	60
	水納島	沖縄	グラデーション・ブルーの孤独	68
	六島	岡山	潮騒に揺られて咲き乱れる花々	84
や	焼尻島	北海道	地の恵み海の恵みに誘われて	220
	屋久島	鹿児島	特集　世界自然遺産の島へ	30
	湯島	熊本	猫の楽園・うさぎの聖地	98
	与論島	鹿児島	グラデーション・ブルーの孤独	52
ら	利尻島	北海道	地の恵み海の恵みに誘われて	218
	礼文島	北海道	潮騒に揺られて咲き乱れる花々	82

本書の使い方

本書に掲載されている情報は2021年7月に調査・確認したものです。出版後に変更になる場合もあります。おでかけの前に最新情報をご確認ください。掲載内容には万全を期しておりますが、本書の掲載情報による損失、および個人的トラブルに関しては、弊社では一切の責任を負いかねますので、あらかじめご了承ください。

●交通機関の所要時間、本数(便数)は時期や時間帯により変動する場合があります。目安としてご利用ください。

●おすすめの季節・時間は目安です。また、開花時期などは年により変動しますので、事前にご確認ください。

●モデルプランには島周辺の観光地を組み込んでいるものがあります。出発地や季節などにより内容は変動が予想されます。プランニングの参考としてご利用ください。

●写真は季節や時間帯、撮影場所などにより、訪れたときの風景と異なる場合もあります。

●本書に掲載した島のデータは、島を所管する各自治体、国土交通省国土地理院、総務省統計局などが発表した資料に基づき作成したものを、各市町村や観光協会の確認のうえ掲載しています。

●新型コロナウイルスの影響による来島の際の注意事項や条件などは事前に電話やHPなどでご確認ください。

写真協力

P.12-17・72-73：竹富町観光協会　P.12-17・72-73・200-203：竹富町役場

P.12-17・26-29・46-47・64-67：沖縄観光コンベンションビューロー　P.18-23：鹿児島県観光連盟

P.30-35：屋久島観光協会　P.36-43：小笠原村観光局　P.40-43：小笠原母島観光協会

P.44-45・48-51：八重山ビジターズビューロー　P.46-47：久米島町役場 商工観光課

P.48-51・60-63：おきなわ物語メディアライブラリー　P.52-55：ヨロン島観光協会

P.56-59：座間味村役場 船舶・観光課　P.60-63：宮古島観光協会　P.64-67：久米島観光協会

P.68-69：マリンショップマーメイド　P.70-71：奄美せとうち観光協会　P.74-75：南大東村観光協会

P.76-77：国土交通省 京浜河川事務所／小笠原村　P.78-81：淡路島観光協会

P.82-83：礼文島観光協会　P.84-85：笠岡市観光協会　P.86-87：松江観光協会八束町支部

P.88-89：三豊市観光交流局　P.90-93：のこのしまアイランドパーク　P.94-95：酒田市交流観光課

P.96-97：おきのえらぶ島観光協会／和泊町　P.98：上天草市観光おもてなし課

P.99：石巻市復興政策部 地域振興課　P.100：新宮町おもてなし協会　P.101：竹原市観光協会

P.102-105：大島観光協会　P.106-107：新島観光協会　P.108-109：式根島観光協会

P.110-111：神津島観光協会　P.112-115：三宅島観光協会　P.118-121：八丈島観光協会

P.122-123：青ヶ島村役場　P.124-125：東海汽船株式会社

P.126-131：尾道観光協会／今治地方観光協会／しまなみジャパン　P.132-135：隠岐観光協会

P.140-141：松島観光協会　P142-143：佐世保観光情報センター／九十九島パールシーリゾート

P.146-147：料理旅館おかべ　P.148-151：宮島観光協会／新谷孝一　P.152-155：宗像観光協会

P.158-161：天草宝島観光協会　P.162-165：新上五島町観光物産協会

P.162-165・174-177：長崎県観光連盟　P.166-167：久高島振興会　P.168-169：鳥羽市観光課

P.170：悪石島の盆踊り保存会　P.171：いぜな島観光協会　P.172：姫島村役場水産・観光商工課

P.173：渡名喜村教育委員会　P.178-181：佐渡観光交流機構　P.184-185：和歌山市観光協会

P.186-187：丸亀市 生活環境課／香川県観光協会　P.188-191：壱岐市観光連盟

P.192-193：祝島観光案内所／山口県観光連盟　P.194-197：平戸観光協会

P.198-199：大崎下島観光協会／呉観光協会　P.204-207・210-211：福武財団

P.204-205：直島町役場　P.212-213：西尾市役所 佐久島振興課

P.214-217：小豆島観光協会　P.218-219：利尻富士町観光協会　P.220-221：羽幌町観光協会

P.222-223：粟島観光協会　P.224-225：篠島観光協会　P.226-227：萩市役所見島支所

PIXTA　ほか

このほか編集制作にあたり、多くの方々、関係諸施設からご協力いただきました。

本書は2016年7月に弊社より刊行された『日本の絶景　島旅』をもとに、掲載地を追加・変更のうえ、再編集したものです。

STAFF
株式会社 K&B パブリッシャーズ

近藤崇之　小嶋遼　吉村重実　谷口裕子
浅野裕美　尾崎健一　後藤孝宏
長谷川麻稚子　宮下幸士　大平健太　泉初江
今泉真由子　内川智行　田中香代子
飯村仁美　金原理沙　岩切あや　大谷照美
中山航太郎　小寺二葉　土屋彩奈　小川純子
井島凌　小林彩香　小栗琴美　西松芽以
小畑美結　小山礼奈

表紙デザイン：山田尚志

●インタビュアー（44〜47ページ）
松鳥むう
島旅イラストエッセイスト。今までに訪れた国内
の島は107島。離島、ゲストハウス、滋賀の民
俗行事巡りがライフワーク。『ちょこ旅 小笠原＆
伊豆諸島』『島好き最後の聖地トカラ列島秘境さ
んぽ』『島旅ひとりっぷ』など島関連の書籍多数。
http://muu-m.com/

地球新発見の旅
What am I feeling here ?

美しい日本へ
島の旅

2021年10月22日　初版第1刷発行

編　者　K&Bパブリッシャーズ編集部
発行者　河村季里
発行所　株式会社 K&Bパブリッシャーズ
　　　　〒101-0054　東京都千代田区神田錦町2-7 戸田ビル3F
　　　　電話03-3294-2771　FAX 03-3294-2772
　　　　E-Mail info@kb-p.co.jp
　　　　URL http://www.kb-p.co.jp

印刷・製本　株式会社 加藤文明社